RIVAGES/PSYCHANALYSE
Collection dirigée par
J.-D. NASIO

L'Adolescent et le Psychanalyste

ISBN : 2-86930-394-7

27, rue de Fleurus - 75006 Paris
10, rue Fortia - 13001 Marseille

Jean-Jacques Rassial

L'Adolescent et le Psychanalyste

RIVAGES
PSYCHANALYSE

A ma fille aînée Élodie

Je ne peins pas l'être,
Je peins le passage.

Montaigne

INTRODUCTION

☆

LE CORPS DE L'ADOLESCENT

☆

DE LA DÉLINQUANCE

☆

L'ADOLESCENT ET LA DROGUE

☆

MOMENTS DE FOLIE

☆

LA PSYCHANALYSE DE L'ADOLESCENT

☆

CONCLUSION

Introduction

Auprès du public adolescent, deux films fort différents ont touché des ressorts assez essentiels pour qu'ils obtiennent un succès dont la presse s'est efforcée de trouver la cause. Il est évident que *Le Grand Bleu* et *Le Cercle des poètes disparus* posaient des questions soulevées spontanément par les jeunes d'aujourd'hui, et proposaient des réponses acceptables par eux.

Le Grand Bleu nous confronte à la question d'une jouissance non sexuelle, à laquelle peut même être sacrifiée la relation à l'autre sexe et dont l'attirance remonte à l'enfance. Voisiner avec la mort, tenter d'aller au-delà du possible, vers la plus grande profondeur, renvoie, avant même le classique jeu de mots mer/mère, au goût du risque qui caractérise l'adolescent et effraie l'adulte. Enfreindre les lois naturelles ou sociales, que ce soit par la toxicomanie, la délinquance, le suicide ou toutes les autres pathologies qui semblent spécifiques à l'adolescence, en appelle au tout, voire à l'infini, nouvel espace de l'adolescent.

« Tout, tout de suite » : ce qui pouvait faire slogan dans l'après-1968, le professeur au gai savoir du *Cercle des poètes disparus* le traduit par un *Carpe diem*, adressé à ceux qui sont pressés d'agir, une fois le temps de la promesse pubertaire advenu. Ce professeur complice serait cet adulte préservé des tares propres aux « vieux » et capable de trouver les points d'appui pour la transmission d'un savoir singulier, oublié par les autres enseignants. Mais il peut nous apparaître bien dérisoire quand, face à l'angoisse de grandir et au mouvement de révolte contre la famille et l'école, il n'a à proposer aux jeunes pour changer de point de vue et voir le monde d'un autre œil que… de monter sur la table ; d'autant que, s'ils entendent assez la leçon pour aimer ce professeur, ils vont chercher à l'imiter en se réfugiant dans une grotte, un trou, profondeur là aussi certes métaphorique.

Saurons-nous entendre la demande des adolescents : comment jouir, comment être ? Saurons-nous y répondre ? D'ailleurs devons-nous y répondre, si nous évitons la pédérastie du maître hystérique ? Problème de chaque adulte, à fortiori du professeur. Qui a été professeur de philosophie en classe terminale s'est confronté à ces questions.

Mais ce n'est pas de cette place que je tenterai de proposer quelques hypothèses. C'est de la place du psychanalyste qui a accepté de rencontrer ces adolescents. Paradoxalement, l'adolescence n'est pas un concept classique du vocabulaire psychanalytique. Alors que nombre de patients de Freud étaient, sinon des adolescents, du moins de très jeunes adultes, les travaux sur l'adolescence sont longtemps restés marginaux, au profit en particulier des recherches sur la petite enfance ; la plupart des analystes sont encore réticents à engager de jeunes sujets dans une cure psychanalytique. Ce n'est que depuis quelques années, surtout en France, que des livres et des revues se centrent sur l'adolescence.

A cela plusieurs raisons, dont l'une est essentielle : doit-on considérer l'adolescence comme un simple temps d'explicitation et de manifestation dont la cause serait totalement déterminée précocement ? Ou bien l'adolescence est-elle un moment déterminant et fondateur dans la structuration de la personnalité ? La première option conduit à abandonner la question de l'adolescence aux sociologues, aux pédagogues ou, au mieux, à la psychologie la plus traditionnelle, pour s'intéresser surtout aux stades œdipiens et préœdipiens. Mais tout analyste qui privilégie l'adolescence, quelle que soit sa théorie, a choisi la seconde option, c'est-à-dire la définit comme un moment clé, possédant sa propre logique dans les processus d'identification.

L'idée qu'une cure psychanalytique puisse produire un changement subjectif important, même s'il ne s'agit pas de produire un sujet tout autre et tout nouveau, ne peut, me semble-t-il, que nous inciter à penser ceci : que ce premier temps de « récapitulation », pour reprendre un mot de Françoise Dolto, et de relance est le modèle de toutes les remises en question importantes de l'âge adulte.

Il est vrai aussi que la cure psychanalytique de l'adolescent, et, plus largement, la relation à l'adolescent rencontrent de grandes difficultés : souvent l'adolescent interroge le psychanalyste plus sur ce qu'il est que sur ce qu'il fait, par des questions sans réponse, soulignant les contradictions du discours de l'« adulte » ; quand il ne l'a pas ou bien rejeté du côté de ceux « qui ne comprennent rien » ou bien fait son complice. Chaque adulte a connu ce problème. Mais la réticence de l'analyste, parfois cachée derrière le « ça changera tout seul », ne manifeste-t-elle pas, au contraire, ses résistances à entendre de vraies questions ?

Aussi bien le rejet qu'aujourd'hui la réactivation, parmi les analystes, de cette question de l'adolescence sont peut-être liés à la rencontre d'un problème d'actualité pour eux. L'adolescence est le moment où vont se décider les orientations de vie d'un sujet, en particulier son orientation professionnelle. Or, à quelque âge que cela se pose, devenir analyste est une orientation professionnelle qui met en jeu les mêmes mécanismes que l'adolescence, quand on cherche à déterminer les voies possibles d'une telle formation et habilitation. C'est sans doute pourquoi Lacan a pu désigner le public auquel il s'adressait comme celui des « bacheliers ».

Ici, j'ai moins tenté de construire une théorie psychanalytique de l'adolescence que de mesurer comment la rencontre avec des adolescents pouvait, sinon bousculer la théorie psychanalytique, du moins exiger qu'elle soit, en tant que telle, reformulée. Plutôt que : « Qu'est-ce que la psychanalyse nous apprend sur l'adolescence ? », ma question est : « Comment les adolescents m'obligent-ils à interroger mon rapport à la psychanalyse, dérangent-ils mon savoir, qu'il soit savoir théorique ou savoir-faire ? » Cette question, outre les analystes, tous les professionnels qui ont affaire à l'adolescence pourraient se la poser.

I. Le corps de l'adolescent

Voilà justement ce qui fait que votre fille est muette [1].

Molière

La puberté physiologique bouleverse l'image du corps construite dans l'enfance. Ce qui, pour l'adulte, apparaît comme l'accomplissement ultime de l'humanisation peut se présenter pour l'adolescent comme une catastrophe. Il acquiert les attributs du corps du parent de même sexe, mais cette ressemblance ruine l'ascendant de l'adulte : les corps sont équivalents et l'assise imaginaire des générations ne tient plus. L'ordre du monde est bousculé : la différence des sexes prime sur la différence des âges qui, depuis le premier âge œdipien, avait, pendant ce qu'on a pu nommer « période de latence », permis de laisser de côté le sexe.

Après-coup du stade du miroir, l'adolescence est le moment où, sous le regard de l'autre, le sujet va devoir se réapproprier une image du corps transformée, au prix, éventuellement, d'un nouveau symptôme, ou d'une modification du symptôme, alors plus explicitement sexuel : ainsi de la jeune fille qui passe de l'énurésie infantile à la dysménorrhée, ou le jeune homme, du bégaiement à l'éjaculation précoce. Cette image du corps est affectée sur quatre modes complémentaires : premièrement, par la modification de ses attributs (pilosité, seins, silhouette) ; deuxièmement, par ses fonctionnements (génitalité, menstrues, mue de la voix, démarche, etc.) ; troisièmement, par sa ressemblance avec le corps de l'adulte, et, plus précisément, du parent du même sexe ; quatrièmement, par son importance au regard de l'adolescent ou de l'adulte de l'autre sexe.

Le partenaire sexuel de l'adolescent, qu'il y ait ou non acte sexuel entre eux, se doit de conjoindre en lui trois qualités difficilement conciliables : premièrement, il doit être un semblable, même s'il est différemment sexué ; deuxièmement, pour être désiré, il doit attirer par son corps, considéré comme un objet ; troisièmement, il ne peut être aimé que s'il assure le relais des parents comme référent ultime de la parole, c'est-à-dire s'il peut soutenir une figure idéale de l'Autre sexe (avec un grand A pour le différencier de l'autre semblable), comme les parents avaient, un temps, incarné cet Autre absolu. C'est sous le regard multiple de cet autre, à la fois semblable, objet, et appartenant à l'Autre sexe, que le corps de l'adolescent change de statut et de valeur.

Le changement de statut et de valeur du corps à l'adolescence

Ce corps non seulement n'est plus le même, il n'a plus le même statut. Après tout, le corps de l'enfant a lui aussi subi, tout au long du développement, des transformations importantes, et, du point de vue physiologique, les premières années et même les premiers mois voient les métamorphoses les plus flagrantes. L'accès physiologique à la génitalité et à ses corollaires perceptibles n'est pas une modification, dans le corps lui-même, plus fondamentale que le passage d'une prématuration spécifique des animaux supérieurs, et de l'homme en particulier, à une autonomie physiologique.

Essentiellement, ce corps change de statut parce que la génitalité occupe une place maîtresse pour le sujet : d'une part, l'être humain ne conquiert son identité que dans l'appartenance à l'un des deux sexes, dans une logique qui peut être dite phallique, parce qu'elle fonde une dissymétrie entre « ceux qui l'auraient » et celles qui ne « l'auraient pas » ; d'autre part, c'est l'autre qui détient le pouvoir de reconnaître en ce corps un corps génitalement mature, désirable et désirant. La possibilité du rapport sexuel est censée témoigner de cette transformation de la puberté. Si l'image du corps est sujette aux bouleversements de diverses « castrations » — pour reprendre la formule de Françoise Dolto [2] — il ne s'agit pas seulement, à l'adolescence, d'un réajustement, même difficile, de l'image, mais bien d'une modification de la valeur même du corps, tel qu'il fonctionnait pour l'enfant : le porteur du regard, privilégié, n'est plus un parent, mais un semblable dont le désir est lui-même engagé.

Dans la puberté, les modifications réelles d'abord non symbolisées, puis mal symbolisées par le rapport sexuel, débordent le corps imaginaire. La structuration de l'image du corps, qui a déjà eu lieu, est maintenant mise à l'épreuve, et les castrations portent leurs fruits, par-delà le regard des parents qui les ont soutenues. C'est pourquoi la puberté peut être vécue par certains adolescents comme une maladie.

Freud, dans les *Trois Essais sur la théorie de la sexualité*, propose une formulation classique de ces « transformations de la puberté » ; elles accentuent, selon lui, l'écart entre l'auto-érotisme et la relation d'objet : « La pulsion sexuelle était jusqu'ici essentiellement auto-érotique, elle va maintenant découvrir l'objet sexuel [3]. » Il remarque une divergence dans l'évolution sexuelle : si celle de l'homme est « la plus logique », comme l'intégration de l'œdipe naguère avait été plus simple pour lui, ces changements pubertaires provoqueront chez la femme une « espèce de régression » ; en effet, peut-on expliciter après Freud, la jeune fille n'est pas alors seulement confrontée au désir que l'œdipe avait déjà orienté, mais aussi à un renouveau de la question de la mère, de la Mère primordiale et archaïque, à laquelle elle a dû renoncer et qui réapparaît comme modèle identificatoire, derrière la féminité incertaine ; les enjeux préœdipiens sont, pour elle, à l'ordre du jour. Mais Freud, gardant alors l'espoir d'un rapport sexuel réussi, est sans doute optimiste quand il définit le « caractère normal de la vie sexuelle » comme « assuré par la conjonction, vers l'objet et le but sexuels, de deux courants : celui de la tendresse et celui de la sensualité » [4].

La « sexualité normale » n'emprunte pas la même voie chez l'homme et chez la femme, et c'est sans doute à l'adolescence que se réalise cette divergence. Si une première bifurcation engage précocement — c'est la fonction de l'œdipe — et différemment mâle et femelle dans le rapport au phallus, c'est à l'adolescence que cette bifurcation prend un nouveau sens, social en particulier puisque la question du *conjugo* devient d'actualité : d'une part, le surmoi, au-delà d'un interdit fondateur qui portait sur les parents, se révèle être aussi, paradoxalement, ce qui ordonne la jouissance sexuelle [5] ; d'autre part, cette bifurcation s'accentue car il s'avère que, disjoints, les deux sexes n'ont de chance de se conjoindre « normalement » que sur un mode boiteux. L'acte sexuel n'a, pour l'homme et pour la femme, ni même fonction, ni même valeur et n'est pas ce qui permet de fonder entre eux un rapport intersubjectif.

La femme entretient sans doute avec la génitalité un rapport moins exclusif que l'homme ; elle est ainsi attirée du côté de la tendresse, au point même que la question d'une « sexualité féminine » fait problème ; non pas tant de sa qualité que de sa primauté dans l'organisation psychique. Pour elle, l'accès à la génitalité semble devoir emprunter les voies de l'hystérie. Pour l'homme, la « discrétion » de son activité sexuelle, c'est-à-dire le constat d'une alternance dont il n'est pas le seul maître entre l'érection et la détumescence, a pour conséquence une maladresse dans la relation à son propre corps : la continuité nécessaire de l'image et la discontinuité de son activité sexuelle, devenue nouvelle clé de son corps, s'opposent. Ainsi, l'une des pentes « normales » où il peut s'engager est celle d'une névrose obsessionnelle, tentative de contrer cette castration qui l'affecte, lui aussi.

L'adolescence est le moment privilégié où, rencontrant la sexualité non plus comme le propre d'un adulte différent, mais comme ce qui organise sa nouvelle place, le sujet doit répondre avec les moyens qui sont les siens.

1. L'adolescent et la sexualité

Les avatars de la pulsion

A l'adolescence s'opère un déplacement du champ pulsionnel. Le sujet repère, sur son propre corps, les objets partiels attributs du parent du même sexe, que ce soit les seins ou le sang des règles pour la fille, la voix après la mue ou la pilosité faciale pour le garçon. Débordé par son corps, il revendique cette croissance comme il peut, par exemple dans l'appropriation d'objets qui prennent fonction de fétiches, tels le rasoir ou le soutien-gorge. On peut déjà, ne serait-ce que par la différence d'usage de ces deux accessoires, mesurer tout l'écart des positions masculine et féminine que peut adopter un adolescent.

D'autre part, le corps du prochain entre en scène comme objet possible du désir, sur lequel les jugements, esthétiques surtout, affluent, ce qui, en retour, désigne cet autre comme lui aussi sujet du désir. Cette ambiguïté de la relation à l'autre sexe, sujet et objet du désir, sous-tend l'interrogation de l'adolescent(e) sur sa propre position quant à la sexuation. Il expérimente alors volontiers les possibilités actives de son corps, dans les sports par exemple, et se propose comme objet du désir de l'autre dans la coquetterie, les deux se conjuguant parfois.

Retour du narcissisme, mais qui, impliquant maintenant paradoxalement la dimension de l'autre, oscille entre l'affirmation de l'unicité, que ce soit dans le souhait d'une originalité ou dans le repliement dans la chambre, et le vœu d'être reconnu comme semblable à ceux de sa génération, dans l'ordre d'un « même » dont la mode vestimentaire est la plus évidente formule, comme l'est aussi le vocabulaire spécifique d'une tranche d'âge.

L'hésitation sexuelle

Le désir de l'adolescent est hésitant : tourné vers l'autre sexe, il rencontre les interdits œdipiens ; adressé au semblable, il oriente vers un lien fraternel plus que sexuel. Ou bien l'objet est renvoyé du côté d'un ailleurs inaccessible, ce dont témoignent les drames amoureux de l'adolescent ; ou bien il est trop proche, trop familier : certains adolescents soulignent comment il leur est difficile de se tourner vers la fille qui leur est la plus proche et comment ils se réfugient dans une « drague » anonyme.

Il y a en général deux manières de résoudre cette difficulté (je laisse pour plus tard l'évocation de l'amour) : la première consiste à dénier l'importance de la différence sexuelle, à la limite d'une solution perverse. Est mis en avant l'amour du semblable, l'amitié dans la relation à l'autre, qu'il soit ou non du même sexe devenant secondaire. L'homosexualité de l'adolescent est à entendre dans ce registre [6], et la contemporanéité du choix professionnel en est atteinte : ainsi de la fréquence des « vocations » pour un métier qui ne serait pas compromis par la sexualité.

L'autre tentative de résolution, c'est la précipitation dans la sexualité, la recherche du rapport sexuel. Les enfants savent bien que ce rapport renvoie à un impossible, comme le traduit une histoire juive : un petit garçon, profitant de l'absence des parents, propose à sa petite sœur de jouer à papa-maman ; ils vont dans la chambre conjugale, se déshabillent, se couchent dans le lit, éteignent la lumière et... parlent yiddish. L'enfant prépubère sait que le rapport sexuel est une affaire de langue avant d'être une affaire de corps, et que ce qui le gère, c'est le secret et le malentendu.

Or, c'est précisément le rapport sexuel qui est proposé à l'adolescent comme solution du rapport intersubjectif, comme « logique » de la relation au semblable. La première réponse consistait à préférer au rapport sexuel, puisqu'il est source de malentendus, un autre type de rapport étayé sur le narcissisme ; à l'opposé, la seconde réponse, celle qui précipite parfois les adolescents dans un activisme sexuel, consiste, sachant plus ou moins qu'il n'y a pas de mot qui puisse rompre ce malentendu, à projeter toute sa sexualité sur l'objet, cet objet introuvable, donc à multiplier les essais de trouver le bon objet. D'où, à la fois, le donjuanisme de certains adolescents, garçons ou filles aujourd'hui, et la réactivation à l'adolescence de la perversion polymorphe de l'enfant, comme en témoignent les jeux de séduction et le flirt, mais aussi les modes d'identification, tels qu'alors ils sont remis en cause.

Génitalité et image du corps

Alors que la maturité génitale peut être, sur le plan purement physiologique, considérée comme l'accomplissement d'un cheminement linéaire enfin complété, l'image du corps, l'organisation moïque, la fonction du sujet sont bousculées, car, sur le plan psychologique, il y a d'abord une discontinuité, une rupture de développement.

En particulier, la hiérarchie médicalement posée entre la puberté, en tant que possibilité de reproduction, et les signes dits secondaires, n'est pas celle des adolescents. Tout ce qui est dit par l'adolescent de l'importance de ces signes divers (pilosité, pousse des seins, etc.), surtout dans la relation à l'autre, n'est pas à ranger trop vite sous la dépendance d'un fait physiologique. L'accès à la génitalité, le diagnostic de puberté qui lui est associé, n'expliquent pas, simplement, ce qui est en jeu pour l'adolescent ; l'organe génital en effet a précisément un statut particulier, puisque le signifiant phallique qui serait censé le désigner est de l'ordre du « déjà là » et même du « par avance » et qu'il dépasse cette objectivation à laquelle accéderait l'adolescent.

On sait que le discours courant, surtout quand il se veut libéral, se prête à une telle ordonnance hiérarchisée des choses : à chaque excentricité de l'adolescent, à chacune de ses inquiétudes, la « compréhension », réductrice, se manifestera par un « c'est la puberté qui le travaille, ça lui passera naturellement ». Que cette attitude laisse place au sujet et soit de la part de l'entourage moins nocive qu'un simple rejet, n'exclut pas qu'elle néglige la portée des questions, implicites ou explicites, posées par l'adolescent, questions qui concernent l'adulte et par lesquelles celui-ci n'est généralement pas passé si « naturellement » que cela.

Il en est ainsi du mode sur lequel s'organise la relation à l'autre sexe quand s'avère l'inaptitude du signifiant phallique, et donc de la pulsion génitale, à fonder un rapport sexuel. Les jeux de séduction, exacerbés dans la conduite des adolescents, sont le détour, non pas superflu mais nécessaire, pour soutenir la croyance en un tel rapport.

Que peut-on en dire ? D'abord, que l'acte sexuel, le coït, a immédiatement une importance secondaire par rapport à la dimension imaginaire du corps, corps de l'autre et corps propre : il s'agira plus de « toucher l'autre » ou même seulement de « le rencontrer seul à seul », d'inventer un espace intime d'un corps à l'autre que de parvenir à une réalisation génitale, qui n'aura souvent pour fonction que de signer après coup cette rencontre ; d'autre part, l'adolescent s'activera en offrant son corps comme signifiant du phallus — sur un versant hystérique —, dans la coquetterie féminine ou la sportivité masculine, quel que soit le sexe auquel il appartient. Sur cette pente, le corps propre est offert à la fois comme objet possible du désir et signifiant qui supporterait la relation à une nouvelle incarnation de l'Autre. Et l'adolescent s'efforce de soutenir cela, ne serait-ce que par l'écriture, l'apprentissage de la lettre d'amour, ou même par cette expérience première : préparer tout un discours en supposant la présence de l'autre, parler tout seul, en fin de compte à l'adresse d'un grand Autre, d'autant que lors de la rencontre avec l'autre, dans la réalité, ou bien ce discours préparé se révèle dérisoire, ou bien le sujet bafouille (c'est le ressort de bien des comédies).

Les jeux de baratin et de mascarade, qui bien sûr se prolongent chez l'adulte, témoignent certes de l'engagement du sujet dans ce que Freud désigne comme le courant « tendre », que ce courant « tendre » prévale ou soit mis au service du courant « sensuel » ; mais ils attestent aussi de la nécessité pour le sujet de croire en la valeur du partenaire comme Autre, cet Autre étant le garant de l'identité du sujet dans la relation, au moment où, dans la génitalité, l'accent porte sur l'aptitude du sujet à « jouer » de la castration.

De fait, les identifications étant remises en cause dans la relation à l'autre, certains objets pulsionnels viennent occuper une place nodale ; précisément les objets attribués à la mère, la Mère primordiale, dans ce moment logique que Lacan a désigné comme stade du miroir [7], ces objets (*a*) que sont le regard et la voix. Et l'on peut constater comment, dans ce processus de redistribution pulsionnelle, la différence sexuelle est redoublée, fille et garçon ne mettant pas à la même place chacun de ces deux objets.

La sexualité de la fille : le regard

Pour la fille est accentuée la pulsion scopique.

La période de la puberté chez la fille s'accommode, plus que chez le garçon, remarque Freud, d'une régression narcissique. De fait, l'expérience spéculaire se caractérise par l'élision de la castration. Mais cette réactivation narcissique, loin d'être endogène et d'exclure l'Autre, est engagement dans la relation à l'Autre, dans le regard de l'Autre ; en cela aussi, l'adolescence n'est pas la simple effectuation psychique de la puberté physiologique. Pour la fille, la puberté fait signe de ce qui peut être vu par les autres.

Sur le versant qui se prête le plus aisément à la sublimation, avec les modifications de la silhouette, en particulier la croissance des seins, l'image du corps est engagée sous deux regards : par la recherche d'une conformité à un modèle socialement défini, ce modèle dont elle peut trouver trace dans les magazines féminins, dans les figures valorisées de telle ou telle vedette féminine ; et d'autre part par la demande d'une confirmation par les autres, par sa famille comme par ses amis, que le statut de son corps a changé. En deçà de l'éventuelle pathologie portant sur ce corps — en particulier anorexie ou boulimie —, la question est celle-là, dont le miroir est témoin, comme le disent les contes de fées : « Suis-je belle ou suis-je laide ? »

Sur l'autre versant — preuve d'une castration réelle, d'une privation remise à l'ordre du jour —, le sang des règles constitue pour la fille et pour les autres le premier signe de son accession à la vie génitale. Même quand cette perte de sang n'est pas suivie d'une période d'aménorrhée ou de dysménorrhée, les sentiments de honte ou de fierté, autour de ce qui fait tache visible, pour l'Autre qu'est la mère en particulier, renvoient à cette dimension spéculaire de la menstruation : un supposé défaut peut se voir, ce qui relance la fameuse pudeur féminine.

Au-delà du rythme auquel elle est assujettie, sous le regard de l'Autre — la Mère, mais tout aussi bien la Lune supposée maîtresse de son cycle —, il est fréquent qu'un rituel alors s'instaure pour la fille, rituel de purification dont on connaît la valeur religieuse, dans le judaïsme en particulier : il ne s'agit pas d'un simple repliement sur soi, mais d'une adresse à l'Autre — Dieu ou l'Autre sexe ? —, adresse d'une offrande.

Dans cette spécularité, la parade féminine trouve son fondement. D'où l'attrait de la jeune fille, très tôt, pour les jeux de maquillage, la mode vestimentaire, le choix des couleurs. Elle vient ainsi s'offrir comme objet au regard d'un autre, pas nécessairement sexué d'abord, puisque, aussi bien, ce peut être à l'adresse de la mère.

Ainsi, par rapport au phallus, et donc à la distribution des sexes, elle aura à se situer non comme celle qui le possède, mais comme celle qui le fait apparaître, ne serait-ce que parce que, trivialement, c'est en se présentant comme désirable qu'elle permet l'exercice phallique, chez l'autre.

Encore faut-il que le partenaire reconnaisse que s'il est en position, instable et incertaine, de sembler avoir ce phallus, c'est de la femme qu'il le reçoit, en quelque sorte.

La sexualité du garçon : la voix

Pour le garçon, à la puberté, c'est immédiatement la pulsion vocale qui sera accentuée.

En effet, expérimentant une autre modification de son corps en son ancrage phallique, celle de l'érection et de la détumescence, il est moins à même, sauf la féminisation qu'implique par exemple le sport, de faire du corps, tel qu'il s'offre au regard de l'Autre, la mesure de son être. Ce qui animera le rapport qu'il aura à l'autre sexe, ce sera la voix et son épreuve, celle du baratin.

Un épisode est souvent refoulé par l'adulte mâle : celui, plus ou moins long, parfois accompagné d'un moment d'aphonie, de la mue de la voix. Quand il est évoqué dans une cure analytique, ce moment se révèle avoir été important dans les processus d'identification.

En général, est soulignée une division de la voix (que j'examinerai plus loin à propos du bégaiement), et le constat que parler ça ne va pas de soi, que la voix est un objet séparé du corps.

Division de la voix parce qu'il apparaît que la voix n'est pas une, que le timbre, le ton, le rythme ne sont pas simplement décoration de la parole mais le moteur, la seule trace d'un réel dans l'aliénation à la langue, et qu'un changement de timbre implique un déplacement du sujet. C'est en effet une expérience courante : l'accentuation de la voix influe sur le contenu de la parole ; ainsi de celui dont on dit qu'il parle « avec l'accent de la vérité ». L'adolescent fait l'expérience que la voix est un objet détaché du corps, parce que, dans la mue — le même mot est utilisé pour un changement de peau et pour un changement de voix —, il rencontre cette difficulté : il y a du sujet et de la langue, et, entre les deux, un intervalle objectivé par la voix, qui n'est la propriété ni du sujet ni de la langue. Cela, chacun peut le mesurer en constatant ce qui se joue dans la décision de « prendre la parole » ou bien quand « on vous la donne » : cela, dans un premier temps, déclenche un embarras, en deçà du « quoi dire ? ».

Quelle est donc cette voix, pour l'adolescent garçon, cette voix dont il est embarrassé ?

Il y va de la voix du père, puisque le changement de timbre fait apparaître une voix plus grave, ressemblant à celle du père de la réalité. L'adolescence est certes le temps d'une comparaison et d'une confrontation avec l'image du parent du même sexe ; c'est un de ses enjeux. Mais je préfère prendre les choses autrement, en anticipant sur ce que je développerai plus loin — à propos de l'adolescence comme après-coup du stade du miroir — ; en effet, déjà dans le discours des adolescents sur cette mue de la voix, un autre statut de ce changement de voix est présenté ; il y a, pour l'adolescent, s'il n'est pas psychotique, une appropriation du regard et de la voix supposés à l'Autre le plus archaïque, ce regard et cette voix qui viennent de la mère dans l'expérience du stade du miroir.

Paradoxalement, à travers la mue de la voix, l'adolescent mâle s'approprie la voix de la Mère primordiale, dans un temps second d'identification spéculaire, cette voix qui peut lui sembler — je cite un adolescent — « caverneuse », « accrochée », « profonde ».

Si la mise en avant du regard entraîne facilement sur la pente hystérique — l'échec ayant quelque rapport avec, au moins, la phénoménologie de la schizophrénie —, la mise en avant de la voix emporte une dimension paranoïaque du moi, en cause à travers cet objet voix, sauf si le sujet accentue, sur le mode obsessionnel, l'écart entre la subjectivité et le champ de la langue.

Draguer, flirter, aimer

C'est à travers des expériences à la fois articulées entre elles et divergentes que l'adolescent met à l'épreuve ces processus d'identification sexuelle : celle du flirt et des premières relations sexuelles, celle de l'amour et celle du lien fraternel. On n'en est plus au temps de l'interdit porté sur la sexualité de l'adolescent, mais plutôt d'un ordre d'y aller de sa sexualité, et pas n'importe comment ; contrainte surmoïque qui se dit par l'évocation d'un risque auquel le sujet ne peut pallier qu'en se donnant des limites : la peur du « sida » — dont on parle comme d'un diable anthropomorphique, d'un tiers redoutable — s'étant aujourd'hui substituée au risque de la conception « accidentelle » d'un enfant.

L'articulation entre les essais de séduction, le flirt et l'acte sexuel est tentative à la fois d'user de ces objets nouvellement investis que sont le regard et la voix, de resituer les objets infantiles redécouverts du côté de l'autre sexe, en particulier l'objet oral, et d'obéir à la hiérarchie proposée qui valorise la génitalité :

— *Draguer*. C'est l'exercice par lequel l'adolescent témoignera de la nouvelle valeur du regard et de la voix : du côté féminin, en tentant d'accrocher le regard du garçon en se singularisant parmi les autres filles, et plus activement en lui adressant ce regard qui appelle une réponse. Du côté masculin, outre cette même parade, en montrant sa nouvelle maîtrise de la langue et de la parole, en proposant de participer au jeu de tromperie que les mots nouvellement investis rendent possible.

— *Flirter*. Freud soulignait déjà comment l'interdit même de l'acte génital conduisait à réinvestir les zones érogènes partielles, ces zones qui sont en cause dans la « perversion polymorphe de l'enfant ». Malgré la levée de cet interdit, il y a à l'adolescence, sur la voie de ce minimum de perversion qui fait l'érotisme de la sexualité adulte, une importance toute particulière donnée au baiser des bouches comme aux attouchements : jeux sexuels où se perçoit la qualité d'objets du corps de l'autre et de son propre corps pour l'autre.

— *Aimer*. L'amour des adolescents révèle vite sa vraie nature : l'objet de cet amour est indifférent, ce qui compte, c'est l'état amoureux. De fait, on rencontre fréquemment des passages d'un objet à un autre, sans que rien ne nous permette de dénier à cet amour sa qualité. L'amour a, pour les adolescents, valeur d'opération substitutive à l'opération d'entrée dans la logique phallique, entrée œdipienne répétée à l'adolescence. Dans l'amour, l'adolescent tente de produire un état proche de la folie. J'ai un jour reçu une jeune fille qui avait réussi cette substitution d'opération, pour autant qu'il y eut pour elle véritable entrée dans la psychose ; elle était engagée dans un délire érotomaniaque dont les premiers signes, qui après coup pouvaient paraître énormes, n'avaient inquiété personne, tant ils semblaient appartenir à la pathologie normale de l'adolescente.

Tentant d'effacer la logique phallique, qui gère la sexualité humaine, telle qu'elle est assurée du côté paternel, l'amour réinstaure une qualité maternelle de l'Autre — de la Mère primordiale —, alors garant d'une identité imaginaire soutenue par le regard et la voix. Tentative vouée à l'échec pour l'adolescent névrosé, qui peut le faire s'engager d'un pas dans des expériences d'allure psychotique, hallucination, délire et bouffée délirante, mais peut tout aussi bien le conduire éventuellement à une relation transférentielle avec un thérapeute.

Le constat, à répétition, des impasses logiques de la sexualité et l'échec de l'opération amoureuse animent les essais de conjugalité de l'adolescent, c'est-à-dire les tentatives de tisser un lien duel, socialement définissable même s'il est conflictuel, et qui tienne compte de son nouveau statut sexuel.

Des expériences homosexuelles au lien conjugal

Cette conjugalité me semble déterminée par deux idéaux différents, mais pas nécessairement contradictoires : l'homosexualité et la fraternité.

Les expériences homosexuelles de l'adolescent ne sont pas toutes à réduire à des essais pervers, encore moins pathognomoniques d'une structure perverse (même si bien sûr de tels cas se rencontrent). Sauf en ce qu'elles sont tentatives d'effacer la différence sexuelle, de s'en jouer — sur un mode parfois hystérique —, la réalisation sexuelle, alors prônée comme mise en acte d'une réciprocité, venant seulement complémenter une opération amoureuse et un idéal d'amitié. Du côté féminin où la réalisation homosexuelle a, pourrait-on dire, le moins possible d'enjeu génital, sauf en ménageant la place virtuelle d'un phallus « à venir » ou « déjà passé », la question même de la valeur sexuelle se pose ici.

Ces expériences seraient sans doute à rapprocher de cette autre : l'expérience de celui qui, après avoir traversé quelques aventures sexuelles et amoureuses, vient rechercher, pour établir un *conjugo,* telle amitié d'enfance ou un ou une amie du frère ou de la sœur. L'inceste fraternel n'est pas un simple déplacement de l'inceste œdipien, même s'il en répond, mais il possède et implique une dynamique qui lui est propre et introduit — parfois non sans passage à l'acte, rarement traumatique quand le frère et la sœur sont d'un âge proche — à une certaine normalité idéale : que les conjoints soient comme frère et sœur, qu'ils se ressemblent, qu'entre eux soient relativisées les hiérarchies entre sexualité et amour, lien familial et lien conjugal, aliénation et réciprocité. En ces thèmes semble se nouer — comme en témoigne en particulier Musil dans *L'Homme sans qualités* — un lien où s'articuleraient sans trop de drames les différents temps identificatoires dans la relation à l'autre sexe.

En ce temps où, pour les adolescents, le concubinage et le divorce ont changé la consistance du lien conjugal, le mariage n'est que secondairement renvoyé à la procréation des enfants et à leur inscription symbolique. Quelles que soient les réponses apportées par chacun, les questions portent sur le nom à changer ou à préserver, même s'il n'y a là qu'un fait de coutume. Le projet de tisser un lien conjugal s'articule alors au constat que l'amour, s'il n'est un échec, est du moins limité dans son efficacité à contrer la logique phallique que symbolise le Nom-du-Père. Le *conjugo* est un compromis entre l'identité sexuelle organisée par l'œdipe et la quête d'une jouissance autre, une jouissance qui excède la jouissance phallique en tant que son exercice, génital, reste partiel ; un compromis, plus qu'une « conjonction », entre le courant sensuel et le courant tendre, où le lien fraternel vient servir de paradigme.

2. Histoires d'adolescents

Cliniquement, j'associerai trois pathologies qui se réfèrent toutes à des modifications de l'image du corps bien qu'elles puissent sembler obéir à des logiques différentes : premièrement, le bégaiement, non pas en général, mais tel qu'il peut faire l'objet d'une plainte d'adolescent ; deuxièmement, les perturbations des conduites alimentaires (anorexie, boulimie), quand elles sont assez limitées pour éviter un diagnostic plus sévère ; troisièmement, les comportements supposés pervers, en l'occurrence de type homosexuel.

Le bégaiement d'un artiste

A propos du bégaiement, je partirai de l'histoire d'un musicien, disons percussionniste, venu me voir pour un problème d'éjaculation précoce. Confronté à la règle fondamentale après quelques entretiens préliminaires, ce musicien, jusque-là assez loquace, se retrouva sans voix, n'émettant que des semblants de débuts de mots ou de phrases sans suite, dès qu'il était allongé sur le divan.

Au bout de quelques séances, il raconta ce qui n'avait constitué pour lui qu'un épisode, à peine évoqué précédemment : vers l'âge de quinze ans, il avait été affecté d'un bégaiement, de type tonique, qui fut rééduqué avec « succès » par une orthophoniste, à l'aide de quelques séances de relaxation, dont le nombre était exactement celui des séances d'analyse pendant lesquelles il était resté sans voix. Plus jeune, il ne se souvenait que d'un « défaut de prononciation », en fait un léger bégaiement clonique, qui gênait plus son entourage que lui-même.

Ce récit le renvoya vite à ce moment que l'adulte masculin a souvent oublié, le moment de la mue de la voix : « Je ne savais plus qui parlait, dit-il, comme si j'avais deux voix à ma disposition, et je dérapais de l'une à l'autre. » Dans ces deux voix, ce qui faisait signe selon lui, c'était une question de rythme : comme dans un ratage de l'acte sexuel qu'il expliquait par un refus du rythme du coït — il éjaculait, non seulement dès que le pénis entrait en contact avec le vagin, mais aussi quand, dans la masturbation et les caresses, apparaissait un rythme régulier — ; mais aussi comme dans son métier, car il donnait le rythme dans un orchestre, avec une préférence pour le jazz et les rythmes syncopés.

Quelques remarques, donc, sur ce symptôme de bégaiement. Première remarque : on constate que le bégaiement apparaît à un moment où l'apprentissage de la parole, l'appropriation de la langue par le sujet, traverse une phase importante dans la définition de ce qu'est une langue. Il peut se produire vers trois ans, au moment où l'enfant, ayant acquis les signes morphologiques, parvient à introduire une scission entre les classes fonctionnelles, lorsqu'il accède à la dimension syntaxique : c'est-à-dire quand il distingue groupe verbal et groupe nominal, et qu'il différencie et acquiert les signes grammaticaux, articles, prépositions, catégories distinctes de pronoms, en particulier personnels, etc., leur attribuant de fait une autonomie sémantique ; c'est le moment de la distinction du « je » et du « moi ». Le bégaiement peut aussi se produire vers sept ans, lors de l'apprentissage de l'écriture — et l'on connaît le lien entre le bégaiement et une gaucherie contrariée qui ne l'est, souvent, que du fait de l'école — ; la lecture et l'écriture modifient alors radicalement la valeur de communication de la langue. Il peut encore apparaître à la puberté. Je veux souligner par là que le bégaiement n'est pas un simple trouble de la parole, mais qu'il est directement articulé à ce qu'est la langue, en tant que champ de l'Autre.

Seconde remarque : la survenue de ce symptôme est souvent évoquée par le sujet à travers le récit d'un trauma ; dans ce récit, d'une grande richesse, on peut fréquemment repérer les deux temps que distinguait Freud à propos des deux scènes de séduction, à l'époque de l'hypothèse traumatique, et dont on retrouve la trace dans le seul cas de bégaiement dont il parle, celui d'Emmy, dans les *Études sur l'hystérie*. Ces récits présentent des éléments communs : au premier temps, il s'agit du rapport entre l'oralité et la phonation — quelque chose est mis dans la bouche ou vu dans la bouche d'un autre, associé, souvent, aux thèmes du feu et de la chaleur — ; au second temps, à l'adolescence, est évoquée ou bien une rencontre avec quelqu'un mis en place de grand Autre, ou bien une expérience de type mystique.

De multiples exemples cliniques pourraient illustrer cela, y compris, dans la Bible, l'exemple de Moïse. Je me contenterai de citer deux fragments d'interview de Roger Blin, publiés dans le journal *Libération* (23 janvier 1984), au moment de sa mort :

« Ça m'a pris quand j'avais deux ans et demi, trois ans, une peur terrible. J'avais un cygne en celluloïd. Une nuit, j'étais seul dans ma chambre, avec une bougie allumée. Il m'est venu l'idée de faire manger la flamme au cygne. Alors le cygne a pris feu dans mes mains et il a éclaté. Pendant des semaines, je n'ai pu dire un mot... un certain désordre aussi... je suis gaucher... contrarié... le goût du théâtre m'est venu de là... il faut vaincre la nature... c'est trop con. » Une bougie dont il est fait mention plus loin dans l'interview, à propos d'une retraite religieuse que fit Roger Blin à l'âge de seize ou dix-sept ans ; là, le bégaiement n'est pas explicitement évoqué, c'est moi qui rapproche ce second récit du premier : « On était en prière toute la journée, et, le soir, il y avait un sermon — une espèce de type qui parlait du péché. Le dernier soir, il a fait un sermon dans le noir avec simplement des bougies allumées devant lui. A chaque période de son discours, il éteignait une bougie... après avoir soufflé la dernière, il a parlé de la mort et de l'enfer... dans le noir... ça m'a donné le dégoût définitif de la religion... et le goût de la mise en scène. »

Ce passage introduit aussi à ma troisième remarque : il y a quelques métiers où les bègues réussissent, en particulier, et cela peut sembler paradoxal, les métiers de comédien et de prophète. On pourrait évoquer à propos des prophètes les termes hébraïques qui distinguent des souffles et des voix à l'œuvre, le *Ruah*, le *Davar* et le *Nephesch*. Le bègue met en valeur la distinction entre trois qualités différentes de la voix : la voix d'abord comme objet particulier ; puis comme support d'un autre objet : le phonème immédiatement pris dans la langue ; enfin la voix comme propriété de l'Autre. Il existe fréquemment un cadre dans lequel un bègue ne bégaie pas et un autre cadre où il bégaie ; il peut exister aussi un style d'énonciation, le chant par exemple, qui fait s'effacer le symptôme : le bègue est au vif de cette division de la voix et de la difficulté de son appropriation. Peut-être même est-ce la mise en avant de cette dissémination de la voix qui, à la fois, fait le scandale prophétique et donne la raison de la condamnation des comédiens par l'Église : le *« primo erat Verbum »* y perd de sa consistance unifiée et unifiante.

Ma quatrième remarque concerne la distinction entre deux types de bégaiement : le type clonique, c'est-à-dire la répétition automatique d'une même syllabe, et le type tonique, c'est-à-dire la retenue, sous tension, de toute émission de phonème. On sait que le second type, avec ce qu'il implique d'arythmie et de troubles dans la respiration, résulte souvent de l'évolution du premier. Le bégaiement de l'enfant jeune, prolongation d'un bégaiement banal, est en général clonique, parfois bien vécu par le sujet lui-même, sinon par son entourage — il arrive d'ailleurs que ce bégaiement disparaisse spontanément — ; au contraire, le bégaiement de l'adolescent est le plus souvent tonique, parfois accompagné de ces spasmes dont Lacan indique qu'ils sont la marque de l'érogénisation du système respiratoire.

Par ce qu'il induit du côté du rythme, le bégaiement est à concevoir dans l'intervalle entre le rythme de la succion et celui du coït, c'est-à dire là même où se joue la castration. On a déjà souligné les effets du bégaiement sur les pulsions orale et anale, d'une analisation de la pulsion orale. J'accentuerai, pour ma part, le rapport du bégaiement à l'acte sexuel : ainsi s'expliquerait que le moment où ce symptôme devient pathologique pour le sujet lui-même est le plus souvent la puberté, au début de son activité génitale et de ses nouvelles expériences amoureuses. Par rapport à l'activité sexuelle, ce symptôme se présente comme « économique » : l'alternance phallique entre érection et détumescence, où se joue la castration, se déplace dans le champ de la langue. Par rapport aux expériences amoureuses, nous soulignerons que l'agressivité trouve là un lieu d'expression acceptable, l'autre de l'Autre sexe étant dans le même temps mobilisé par son écoute et tenu par sa gêne. De fait, on comprend ainsi pourquoi le bégaiement est, à l'adolescence, un symptôme plutôt masculin et souvent associé à une névrose obsessionnelle.

Ma cinquième remarque porte sur la satisfaction en jeu dans la pulsion invocante. Le bègue prend du temps de par sa hâte même, il prend le temps de son interlocuteur ; aussi la temporalité est la dimension où, dans le transfert, se mesurera l'intersubjectivité. La tentation habituelle, chez l'interlocuteur, est alors de finir les mots à sa place, de lui épargner l'effort de cette poussée pour laisser place à la parole. Le bègue est, pourrait-on dire, sur la brèche temporelle qui sépare l'objet-voix et la parole. Il est sur cette brèche originelle franchie dans un sens par le paranoïaque, envahi de voix détachées sans que la parole n'atteigne un niveau discursif (d'où la place laissée en particulier à l'insulte, à la profération, à l'insanité) ; dans l'autre sens par l'hystérique, dont la parole organisée sur le mode de la plainte refoule sa qualité d'objet détachable du corps, qu'elle en vienne alors au bavardage, au mutisme ou à la conversion sur le corps propre. Le bègue, lui, trouve la jouissance du symptôme dans cet écart maintenu entre la voix et la parole, prenant l'autre (a) au piège d'une division de l'Autre (A), lieu du trésor des signifiants mais aussi lieu dont choit l'objet-voix ; écart où il pourra osciller à proximité de la paranoïa comme de l'hystérie, au plus près alors de l'incertitude obsessionnelle. Le bègue, prophète donc à sa manière, ou plutôt interprète, se fait, dans son symptôme, porte-voix, porteur d'une voix divisée entre sa qualité d'objet et celle d'attribut de l'Autre.

De fait, au-delà d'un repérage nécessaire de l'agressivité, la cure analytique d'un bègue le conduit à passer du bégaiement au bafouillage, d'un « retenir le dire » à un « dire à la place » — ce dont jouait excellemment le comique Pierre Repp —, avec ce plaisir particulier que peut produire le lapsus, d'être un dire réussi.

Comme le remarque Lacan : « Si Freud a mis l'accent sur la sexualité, c'est que, dans le rapport sexuel, l'homme bafouille, il bafouille avec des mots. » L'homme, quand il n'est pas bègue, rencontre cette hésitation devant le dire au moins deux fois dans sa vie : la première quand, confronté éventuellement à un babillage de la mère, il clone les syllabes pour entrer dans la langue, « pa-pa » et « ma-ma » venant y faire sens ; la seconde, plus tard, et c'est une expérience de l'adolescent, quand, à un moment ou un autre, il hésite d'abord à dire un « je t'aime », puis s'obstine à répéter ce « je t'aime » qui ne compte, en vérité, qu'une seule fois, quand il continue à parler pour rien, sinon pour combler la défaillance du rapport sexuel. Le bègue mesure la valeur « performative » de certains dires, la généralisant à tout dire, au point de rester en arrêt devant la vérité « jamais bonne à dire ».

Hélène, ou la boulimie

Le second exemple clinique concerne plus précisément la jeune fille, et porte sur un symptôme cette fois à double face, anorexie et boulimie. Ce symptôme se rencontre à d'autres moments que l'adolescence ; précisons donc qu'il s'agira ici de troubles de conduites alimentaires dans une problématique pubertaire, l'anorexie du nourrisson ou du jeune enfant obéissant à une autre logique ; d'autre part, j'en resterai à la manifestation de ces symptômes chez les sujets non psychotiques. C'est pourquoi j'ai choisi un cas relativement peu dramatique, sans dimension médicale ni risque létal direct, porté sur le versant boulimique, et renvoyant à cette problématique plus générale de la jeune fille qui s'énonce par un « je suis moche ».

Hélène, seize ans, est amenée par ses parents à la suite de ce qui est désigné par eux comme une tentative de suicide, mais qu'elle considère elle-même comme un appel ; car, me dit-elle immédiatement, elle a évité tout risque de mort. Cet événement est consécutif à une cure d'amaigrissement, selon un régime alimentaire n'ayant produit que des effets provisoires. Elle est un peu « ronde », mais loin d'être obèse, et assez jolie. Elle formule tout de suite sa plainte : « Je ne peux pas m'empêcher de manger. » La cure d'Hélène sera axée, tout au long de deux années, sur sa silhouette et sur la nourriture.

Elle a bien sûr consulté moult médecins ; ils lui ont répondu que d'un point de vue médical elle ne souffrait pas d'obésité ; et que ce qui « comptait », c'était le rapport qu'elle pouvait entretenir avec son propre corps, et non l'avis que les autres lui renvoyaient. Ce n'était certes pas, du point de vue médical, une réponse erronée, sauf que, précisément, ce qui comptait le plus pour elle à ce moment, c'était l'avis des autres et non un vécu replié sur le moi. Ce discours, auquel souscrivaient les parents, était bien celui d'une « analyse sauvage ». Il fallait commencer par entendre ce qu'elle disait ; cela aurait évité qu'une théorie naïve du narcissisme ne vienne faire obstacle à son dire.

« Les garçons ne s'occupent pas de moi » ; tel était l'essentiel de sa plainte, mais elle illustrait cet abandon par un autre thème : « Ils invitent les autres filles pour des dîners, mais mes parents veulent que je prenne tous les repas à la maison. » Dans les jeux de séduction des adolescents — mais aussi des adultes —, du côté fille comme du côté garçon, on oublie trop souvent que « manger » hors du domicile familial est une étape, aussi importante peut-être que « découcher » ; le groupe joue souvent alors un rôle initiatique. Hélène avait le droit de sortir, tard le soir parfois, mais « manger dehors », sauf dans la famille, lui était interdit.

Ce fut l'occasion de déployer l'imaginaire familial concernant la nourriture. Un discours circulait dans la famille selon lequel chaque type d'aliment favorisait une fonction particulière et produisait un effet localisé sur le corps, telle « la soupe qui fait grandir ». Et ce sur un mode non pas délirant, mais étayé sur le discours médical, en réponse à ce qu'on pourrait désigner comme une « hypocondrie familiale » ; la mère surtout se préoccupait, avec excès, de l'équilibre calorique des repas et des dosages diététiques.

Hélène expliquait sa « mocheté », qui repoussait les garçons selon elle, ses formes arrondies et quelques imperfections de peau — une acné assez légère —, par son non-respect d'une hygiène alimentaire ; elle alternait, sur un mode quasi maniaco-dépressif, entre des périodes où elle « mangeait n'importe quoi » et d'autres où elle ne mangeait plus du tout, sans qu'on puisse parler *stricto sensu* de conduite anorexique.

Elle interpréta ses difficultés dans deux directions différentes : elle évoqua d'abord les jeux de dînette dont elle raffolait et l'interdiction de toute sucrerie, en particulier celles qui simulent des aliments pour jeux d'enfants ; les jeux du « papa-maman » avec ses petits camarades étaient en effet centrés sur les repas, ou plutôt sur les préparations de repas et le rituel du déjeuner, sans aucune nourriture. Consciemment, elle percevait ces jeux comme érotiques. Dans un rêve, elle associa la cuisine familiale au lieu d'une scène primitive : sauf les samedis et dimanches, son frère et elle prenaient rarement leurs repas du soir avec leurs parents ; de leurs chambres, ils communiquaient l'un avec l'autre pendant que les adultes dînaient.

En second lieu, là aussi dans l'analyse d'un rêve, elle assimila le fait d'être vue en train de manger par un garçon à un acte impudique. C'est là que se jouait l'articulation entre « être moche » et manger. A un point tel qu'aurait pu être évoquée une régression jusqu'à ce défaut fondamental qu'évoque Balint, en tout cas le rapport entre ce réel du corps dont ferait signe le besoin, et cet imaginaire du corps constitué dans le miroir.

Sans reprendre l'ensemble de la cure, je dirai qu'un tournant décisif eut lieu quand elle remarqua : « En vérité, je ne me suis jamais regardée », là encore à propos d'un rêve, mais surtout en association à une anecdote. Devant ses hésitations à choisir une coupe, le coiffeur lui avait proposé d'en dessiner une elle-même à partir d'une photo et d'un cache ; cela avait d'abord déclenché de l'angoisse puis avait eu un véritable effet interprétatif. Non qu'il y eût de sa part échec psychotique devant le miroir, mais parce que son regard s'y révélait divisé : elle ne se l'était pas approprié comme objet.

Au-delà de la castration qu'évoque la coupe de cheveux — et l'on sait comment, de Samson à l'éternel débat cheveux longs-cheveux courts, chez garçons et filles la coupe des cheveux emporte de tels enjeux —, il était question de la découpe du corps, de la silhouette, et du regard, des regards.

Elle en vint à distinguer, non pas deux fonctions du regard, mais deux regards différents : le premier, le regard qu'elle portait sur elle-même pour constater que son corps « ne répondait pas » (c'est là le corps comme signifiant) à un idéal, l'idéal proposé, ou plutôt prôné par la mère ; le second, le regard que les autres, en particulier les garçons, portaient sur elle et dont elle put dire qu'« il suffisait d'un rien » (le corps ici comme objet), dans sa tenue ou sa mascarade, pour qu'ils la « trouvent » moche ou belle.

Chez la jeune fille plus précisément — mais on peut le repérer aussi chez les garçons —, cette division du regard renvoie à ce double statut du corps : le corps pris dans un discours — discours de la mère et discours courant —, et le corps objet cause du désir de l'Autre, cet Autre qui n'est plus parental mais attaché à l'Autre sexe.

Renvoyant la question de la nourriture à ce premier regard, Hélène refusait de répondre à son injonction, ce qui provoqua quelques conflits avec la mère et chez celle-ci un moment dépressif. D'autant qu'Hélène commença, jouant du second regard, à outrer ses défauts, amplifiant dans ses vêtements son « rien » d'embonpoint, avec cet effet — le mot même d'em-bon-point lui venant alors — que les rapports avec les garçons se modifièrent à son avantage.

Qui regarde qui ou quoi ? Cette question relançant l'identification est reformulée à l'adolescence, et, bien avant toute théorie, on peut constater comment les adolescents et surtout les adolescentes jouent du miroir.

Rachid : l'incertitude sexuelle d'un « beur »

J'évoquerai en dernier lieu un adolescent de ce que l'on appelle la seconde génération immigrée.

Rachid a seize ans. Il se fait appeler Raoul. Je le rencontrai, sur l'incitation d'un éducateur en milieu ouvert, sans que rien d'autre ne soit entrepris que quelques entretiens espacés sur deux ou trois mois. Il avait eu quelques aventures homosexuelles, des rencontres furtives et vénales dans un quartier de la ville connu comme un haut lieu de prostitution masculine ; l'éducateur redoutait que Rachid ne s'engage plus avant sur cette voie.

D'aspect gracile, immature, sans être vraiment efféminé, il vint me voir à l'improviste, se présentant comme Raoul, « d'origine italienne » ; l'air arrogant, il se prétendait obligé de venir parce que menacé de prison par l'éducateur, et n'ayant « rien à dire ». Je lui répondis que s'il n'y avait rien d'autre en jeu, il pouvait dire qu'il était venu me voir ; je le confirmerais à l'éducateur, et n'avais rien à lui imposer. Toujours aussi « à l'aise », il s'en alla.

Deux heures plus tard, il revint s'installer dans la salle d'attente et, comme j'y entrai, demanda s'il pouvait me voir. Il dut attendre assez longtemps, et je le reçus après mes consultations habituelles. Cette fois, il se désigna comme Rachid, « d'origine algérienne » ; il était né en France, d'un père ancien harki, de nationalité française et interdit de séjour en Algérie, et d'une mère qui se languissait de l'Algérie et souhaitait y retourner.

L'écartèlement entre deux cultures venait redoubler le refoulement ; écartèlement représenté par deux idéaux contradictoires, l'un proposé par le père — s'intégrer comme français —, et l'autre par la mère — être algérien. « Je ne sais pas ce que je suis » pour l'Autre : voilà selon lui ce qui justifiait qu'il soit en attente, qu'une part de son identité reste suspendue ; dans l'ordre d'un « pas tout à fait », « pas tout à fait français ou étranger », qui se traduisait dans son corps par un « pas tout à fait garçon ou fille ».

Il était accepté dans une bande d'allure délinquante, comme garçon et arabe ; mais c'était en se féminisant qu'il était « accepté » comme français, ou du moins par quelques Français, en particulier un soi-disant « ancien légionnaire » qui le reconnaissait en l'asservissant comme instrument pervers, sur un mode sadique, relation qui avait motivé, à juste titre, l'inquiétude de l'éducateur.

Cela s'accompagnait d'une plainte hypocondriaque, qui pouvait passer pour délirante : il sexualisait chaque organe de son corps, offrant ainsi la métaphore anatomique d'une bisexualité conflictuelle — l'estomac, mâle, opposé aux intestins, femelles, mais aussi le cœur, mâle, et les poumons, femelles. Un peu plus tard, mais je ne le détaillerai pas, il opposa aussi, de façon plus complexe, dans la zone orale, les dents et la langue.

Il associait son immaturité relative — une pilosité peu développée, une voix à peine muée — à ce non-savoir : il ne savait pas s'il était en vérité fille ou garçon, ou plutôt, dans son discours, homosexuel ou hétérosexuel, mais il était bien question d'identité propre et non simplement d'objet du désir.

Au cours de nos quelques entretiens, son discours, quasi délirant par moments, se rapprocha d'une position obsessionnelle, de doute obsédant. D'autant qu'en peu de temps il changea d'allure et, renonçant à ses pratiques homosexuelles, s'engagea dans des rapports, difficiles, avec des jeunes filles, arabes ou françaises ; mais là encore, avant toute autre qualité, c'était la nationalité qui différenciait les unes des autres et qui l'agitait.

Le binarisme de ce « oui ou non » posait problème à Rachid. Si le psychotique répond à cela en étant lui-même machine binaire, ou en s'adressant immédiatement au maître supposé de la machination, et le pervers en construisant une machinerie telle qu'il serait le déclencheur de l'action, le névrosé n'échappe pas non plus à ce binarisme : sur un mode hystérique, en empruntant chacune des branches d'un arbre logique pour venir constater que « là, ça ne va pas », ou, sur un mode obsessionnel, en restant en arrêt devant chaque choix. Ce binarisme prend évidemment sens de la différence sexuelle.

Mais cela se redouble pour qui est pris dans un bilinguisme, dans une double référence culturelle, dans une pluralité d'idéaux proposés ; car si la sexuation, déjà, suppose pour chacun un refoulement, cela implique aussi un renoncement qui ne peut qu'échouer sur tel ou tel retour malencontreux de la langue et de la culture négligées.

Pour Rachid, les difficultés de l'adolescent dans l'intégration de son identité sexuelle, difficultés somme toute banales, étaient donc en rapport avec des difficultés d'ordre socio-culturel. Le changement nécessaire de l'enfant à l'adulte, les conséquences de la transformation de l'image du corps, le passage d'un grand Autre incarné par les parents à une incarnation détachée des parents, tout cela restait sans modèle immédiatement cohérent : on peut alors comprendre son appel à la figure paradigmatique d'un processus d'initiation aventureux, c'est-à-dire à une figure héroïque.

A l'opposé de sa situation de malaise, de mal-être, ou plutôt positivant son impression d'être « projeté » hors du monde —

comme Igitur de Mallarmé est « projeté hors du temps par sa race » —, Rachid en appelait à un personnage singulier : le cosmonaute.

Dans cette période où les idéaux doivent être réinventés, les phénomènes de projection, faisant porter sur l'autre les désirs du sujet adolescent, sont fréquents, hors de la psychose. Mais, pour Rachid, le statut du héros était différent de ce que, sous cette appellation, désignent habituellement d'autres adolescents. D'un côté, le « fan » prend pour modèle telle vedette du cinéma ou de la chanson : alors le versant imaginaire domine et l'adolescent s'engage dans l'imitation ; sont mis en valeur des traits spéculaires de l'élu, son visage, sa coiffure, son allure, ses vêtements et, en général, l'image qu'il livre au public. Rachid ne connaissait pas le visage des cosmonautes qu'il citait et ne cherchait pas chez eux le modèle d'une posture. D'un autre côté, il y a les héros de films ou de bandes dessinées, caractérisés par leur invincibilité ; si les adolescents en sont friands, c'est dans l'ordre d'une nostalgie de la toute-puissance infantile et magique, celle du moins qui était auparavant supposée à l'adulte. Rachid était lecteur de quelques BD, mais il soulignait l'aspect puéril de ces aventures.

Il définissait les cosmonautes en se référant à un film « documentaire », *L'Étoffe des héros* : suivant un itinéraire qui les sortait de l'ordinaire, ils fondaient une communauté obéissant à ses propres lois, en vue d'un voyage « hors du monde », à la fois collectif et solitaire ; ils effectuaient un pas de côté par rapport au quotidien et, Rachid le soulignait, par rapport à leur appartenance sociale et nationale, tentant de créer une nouvelle « race » d'hommes, des « mutants » dirait-on dans le langage de la science-fiction. Les cosmonautes n'engageaient pas une lutte, ni même un dialogue avec les hommes, mais d'abord avec l'univers, le dehors absolu, contre ou avec des forces qui restaient dans l'ombre. Le risque auquel ils se confrontaient était moins celui d'accidents ou de chutes que d'être projetés dans l'infini, sans espoir de retour, perdus dans l'espace et dans le temps, comme lui Rachid était perdu dans l'espace socialisé et dans la suite des générations, exclu de cet ordre tenu par le Symbolique et garanti par un maître dont le discours le rejetait du côté du déchet.

« C'est comme ça que je voudrais me faire un nom. » Le but de l'aventure pour lui n'était pas de gagner quelque portion de jouissance ou d'obtenir quelque objet particulier, mais de découvrir des appuis symboliques à ses identifications, à partir d'une rencontre avec un Réel qu'il qualifiait d'effrayant. Ainsi, cette évocation par Rachid des cosmonautes, qui occupa plusieurs séances, ne distrayait pas de ce qui avait motivé sa venue ; ces personnages incarnaient une positivité possible de sa situation d'incertitude, car, faisant profession d'être envoyés en mission dans l'incertain, ils en revenaient avec un gain d'identité. De par sa situation symbolique propre, particulièrement difficile, Rachid rencontrait ainsi, avec virulence, les enjeux de toute adolescence.

3. L'adolescence, après-coup du stade du miroir

L'identification à l'adolescence

A l'adolescence, les processus d'identification sont répétés. Mais est-ce seulement rappel, inscription, répétition d'un geste archaïque, dans des termes déjà là, ou bien l'enjeu serait-il tel que le destin du sujet puisse en être modifié ? C'est toute la question.

Il y a certes à l'adolescence une répétition des processus premiers d'identification et un après-coup de leurs effets, restés en suspens. Mais ce second moment n'est pas seulement un accomplissement ; il a, en retour pourrait-on dire, des conséquences sur ce qui semblait fixé dans les identifications.

Pour préciser la différence entre les deux processus d'identification, celui de la première enfance et celui de l'adolescence, je dirai que s'y joue autrement la question du rapport entre l'être et l'avoir. Grammaticalement « être » et « avoir » sont des substantifs, mais il ne faut pas négliger leur qualité première d'« auxiliaires », d'auxiliaires de la subjectivité. Dans l'enfance, à travers une série d'épreuves, le sujet se situe par rapport aux objets pulsionnels qui lui sont proposés, quitte à venir occuper la place d'être lui-même symptôme pour l'Autre, précisément pour la mère. La première identification sexuelle, cheminant de la naissance à l'œdipe, mène le sujet à pouvoir être du côté homme ou du côté femme. A l'adolescence, le sujet s'approprie le symptôme comme symptôme sexuel et, en même temps, constitue les autres, à la fois semblables et appartenant à l'Autre sexe, comme objets possibles, non seulement objets du désir orienté par la génitalité, mais aussi, risquons cette idée paradoxale, objets du symptôme. Par là même, une fois sorti de l'univers familial de l'enfant, la différence des générations, qui avait soutenu l'interdit de l'inceste, prend un autre sens : les parents restent sans doute représentants du monde des « adultes », mais ils sont aussi remis en scène et en question quant à leur statut. De façon particulière, pour les garçons comme pour les filles, la mère, en tant que Mère primordiale, celle qui avait laissé la place à d'autres incarnations possibles de l'Autre, dans le stade du miroir, vient à être, de nouveau, interrogée.

L'enfant et le stade du miroir

L'enfant humain naît prématuré. Il a perdu l'intelligence des instincts qui caractérise les animaux et reste pour sa survie longtemps dépendant des autres, et surtout de la mère.

Dans les premiers temps, les premiers jours, la mère répond, quasi automatiquement, aux besoins de l'enfant, — sans doute est-ce cet « automatisme » qui permet à Winnicott de rapprocher la « préoccupation maternelle primaire » et la psychose [8]. Mais très vite, un écart se creuse entre, d'une part, la dialectique de la demande et de l'amour, d'autre part, celle du besoin et de la satisfaction. Cela déjà est le fait de la mère, dans sa plus ou moins grande acceptation que l'enfant soit, dès sa naissance, séparé d'elle ; séparation initiale d'un sujet qui, s'incarnant en un corps, à travers certains moments décisifs, devra à la fois gagner une identité et perdre un rapport privilégié au monde et aux objets que soutenait la Mère alors primordiale.

Ce devenir du sujet, qui est aussi retrouvaille de ses déterminations réelles, symboliques et imaginaires, pour leur usage subjectif, est orienté par un certain nombre d'épreuves où se teste son aptitude à se situer dans l'ordre symbolique et dans les registres imaginaires, épreuves que Françoise Dolto a pu désigner comme des castrations.

Le stade du miroir est le moment — logique autant que chronologique — où le sujet constitue en un moi cet objet séparé de la mère, dépendant, défectueux, représenté par un corps, fermé par la peau et susceptible d'un minimum d'autonomie. Moment donc, à la fois, de fermeture illusoire mais décisive du sujet dans un corps et d'ouverture vers le monde objectal et les dimensions de l'autre et de l'Autre. De la série d'observations d'enfants de différents âges devant le miroir qu'avait décrite Henri Wallon, Lacan isole le moment de jubilation où l'enfant, placé devant un miroir, s'y reconnaît et est reconnu par la mère : le moi s'y constitue en tant qu'il est imaginaire, et plus précisément ici spéculaire, effet de ce double regard, au prix d'une méconnaissance et d'une aliénation du sujet.

Le monde alors va s'organiser en fonction de ce corps délimité par la peau, définissant un intérieur et un extérieur. Du moins, si l'enfant franchit cette phase, ce qui n'est sans doute pas le cas de l'enfant autiste. C'est une expérience redoutable que d'observer un enfant qui ne ressent pas ce qui, chez l'enfant dit normal, déclenche une douleur, par exemple une brûlure ; ou, à l'inverse, de percevoir, chez un enfant à qui on enlève tel objet qui « fait corps » avec lui (un bout de chiffon, une balle, un bâton, n'importe quoi), une douleur aussi terrible qu'une mutilation.

Chez l'enfant qui franchit cette épreuve, le monde des objets va s'organiser en fonction de cette image du corps qui, sans doute, varie d'un sujet à l'autre, d'une culture à l'autre, mais reste désignable par les limites de la peau et articulée au schéma corporel. Telle est la valeur imaginaire des objets pulsionnels : ils viennent boucher les quelques ouvertures du corps, stigmates réels dans ce tout imaginaire.

Mais cette production d'un corps fini, cette ordonnance imaginaire — « ordonnance » ici pour la distinguer de l'ordre, symbolique, de la subjectivité —, ouverte au monde seulement par quelques trous, subit, dès le départ, une double limitation :

D'abord, l'enfant gagne de l'autonomie, mais il en est redevable à un Autre, en l'occurrence la mère qui le soutient, l'assiste, le reconnaît dans cette identification spéculaire. Si la Mère primordiale s'efface pour laisser place à une mère spécularisable dans le miroir, mère imaginaire, limitée dans un corps, ce n'est pas sans laisser de trace, celle de deux objets pulsionnels dont le statut est spécifique : le regard et la voix. Le regard et la voix de la mère ont fonction de cause de cette identification : la mère regarde l'enfant dans le miroir, double donc le regard de l'enfant lui-même d'un autre regard, elle valide, et lui dit, par une énonciation fondatrice, performante : « Oui, c'est bien toi », elle donne à la voix sa valeur active entre le bruit et la parole, d'isoler du signifiant-un dans les flux à la fois phonétique et verbal.

La seconde limitation découle de la première. C'est à la mère d'abord, cette mère qui d'un mot donne à l'enfant sa place, l'autorise à tenir debout, à compter pour un, que sera attribué encore un supplément d'être, un en-plus. La Mère, Autre primordial, dont le pouvoir était de donner ou de refuser à l'enfant la satisfaction de ses besoins, devient — première incarnation imaginaire de l'Autre symbolique — celle qui lui donne le signifiant-un de son identité, qui marque d'un trait, tiré de son regard et de sa voix, la place de sujet dans le monde. Mère phallique sans doute, mais dans l'après-coup, puisque le signifiant, attribué à la mère, reste pour l'instant sans nom.

Ainsi, pour l'enfant, mâle ou femelle, c'est la mère qui dispose de l'attribut qui un temps plus tard sera dit phallique mais qui, pour l'heure, est incarné dans son regard et sa voix, objets donc paradoxaux, divisés entre leur valeur et leur fonction.

Du fait même que la constitution du moi est spéculaire, c'est par le jeu de ce qui se voit ou ne se voit pas, dans le miroir, que ce signifiant viendra se « concrétiser » dans l'organe sexuel mâle. Et ce sur un mode négatif, de menace de castration ou de privation.

Les conséquences du stade du miroir

De ce stade du miroir, quelles sont les conséquences ?

Immédiatement s'impose l'exigence, d'abord imaginaire, de donner de la signification à ce signifiant asémantique, et qui soutient la possibilité même du sens. En effet, à partir de ce moment les mondes de l'objet et des signifiants se disjoignent :

dans un premier temps, primordial, archéologique, la Mère réconciliait, tant bien que mal, la séparation inaugurale du sujet et du monde ; l'impact de ce moment où, d'une certaine façon, se répète l'acte de naissance par la reconnaissance, introduit l'enfant sur l'autre versant de la séparation : celui de l'aliénation. L'expérience du miroir est contemporaine de ce qui a été désigné comme stade anal. A ce stade, un nouveau rapport à l'objet — perdu, donné, jeté — crée autrement le monde ; l'appel à l'Autre trouve un nouveau moyen de s'exprimer, du cri à la langue articulée ; enfin l'enfant peut effectuer un déplacement, debout, centrifuge, vers le monde extérieur, ou centripète, vers la mère et les lieux qu'elle protège. C'est alors que le monde extérieur, le langage et l'espace prennent une valeur qu'ils garderont pour l'adulte, et qui sera réinterrogée par l'adolescent.

Cette constitution du moi implique la production de ces objets insituables que sont la voix et le regard, d'un signifiant insensé sauf à désigner le sujet en l'aliénant, d'un espace immédiatement investi par sa valeur affective, menaçant ou rassurant. Ce temps préœdipien a les caractères d'un moment paranoïaque, et cela d'autant plus que la mère, négligeant sa féminité, mesurant son pouvoir phallique sur l'enfant, renforcera le versant surmoïque, pour le sujet, de cette imposition identificatoire.

Pour que le signifiant phallique oriente le sujet, anime les objets regard et voix, organise les espaces, il faut un temps logique distinct : celui où — avec la conjonction du complexe de castration et du constat de la castration de la mère — l'enfant est introduit à la structure œdipienne, structure qui, dans l'ordre symbolique, transforme la question de « l'avoir ou pas », de « l'être ou pas » en une distribution des rôles masculin et féminin, avec les avatars phobiques que l'on sait fréquents chez l'enfant, à ce moment.

Donner un sens aux signifiants, les agiter pour qu'ils produisent du « sens », c'est ce à quoi s'activera le sujet. Il tentera de réparer la séparation inaugurale d'avec le corps de la mère, dont fait trace le besoin. Tentative de réparation imaginaire, où le sujet accentue son aliénation et qui rencontre ses impasses à l'adolescence, quand le corps déborde son image moïque. D'où l'espoir, réactivé à l'adolescence, de « donner un sens à la vie », de contrecarrer le constat que, pour citer Lacan, au « Que suis-je ? », je ne peux répondre que : « Je suis là où se vocifère que l'univers est un défaut dans la pureté du non-être » [9].

La plus forte consistance symbolique de ce signifiant qui à la fois confirme l'aliénation à l'Autre et désigne une place, donc représente le sujet, ce sera celle du Nom-du-Père, pour autant que deux conditions soient remplies : la première, que la mère ait soutenu la place imaginaire du père, pour que fonctionne la métaphore paternelle qui permet d'attribuer au père un pouvoir et un savoir en plus sur ce signifiant ; la seconde, que l'introduction à la logique œdipienne permette au sujet de faire défiler, à la suite de ce Nom-du-Père fondateur, des noms-du-père comme inscriptions symboliques de son histoire. Ainsi le « c'est toi » viendra d'abord se résoudre en un « c'est moi, Untel » pour qu'ensuite cette désignation où le désir est neutralisé, puisse tout de même s'enrichir d'autres façons de se désigner : « moi, garçon ou fille », « moi tel âge », « moi telle profession », etc., voire « moi, tel symptôme ».

Quand l'image spéculaire donne à l'enfant, en tant qu'objet, cet habillage qu'est le moi, les objets pulsionnels échappent à la saisie dans le miroir ; c'est ce qui donne sa qualité particulière, en ce temps, à l'objet anal, l'anus restant hors de portée du regard dans le miroir, de même que le relief des organes génitaux y est aplani. D'être irreprésentable, l'objet perd de sa réalité pour devenir un « emblème ».

C'est à partir de cette qualité particulière de l'objet anal par rapport à l'objet oral, que le sujet tentera de faire exister l'objet, sous les avatars les plus divers. La demande particulière de l'adolescent quant à l'acte de manger — que ce soit à travers les pathologies des conduites alimentaires ou la revendication de « manger » hors de la famille — comme la relance des problématiques anales de la motricité et de la pudeur témoignent d'un retour sur la question du statut de l'objet.

Ainsi peut-on décrire, à partir du temps logique du stade du miroir, le parcours des identifications de l'enfant. Déjà ses premières verbalisations sont moins soliloques que spécification d'une relation à l'Autre, au-delà de son incarnation parentale et de l'institution scolaire, ce qui se mesure dans les jeux enfantins.

L'« adulte », sauf en période de crises — ces crises qui prennent l'allure de la folie ou de la dépression et le mènent parfois à entreprendre une analyse —, est assuré par cette solidité imaginaire du moi, agité par le fantasme, mais appuyé sur une certitude d'être, d'être là, condition nécessaire pour que le temps de l'œdipe soit possible. Mais l'adolescence, crise exemplaire, est un temps où ce montage est bousculé, où l'interrogation sur l'être est avivée, où l'échafaudage spéculaire laisse apparaître ses faiblesses.

L'appropriation par l'adolescent de la voix et du regard de la mère

De par l'effondrement de la consistance parentale imaginaire de l'Autre, de par la modification de l'image du corps, l'identification spéculaire vacille ; elle est à reformuler, voire à refonder, à partir d'une position nouvelle, où l'Autre et l'objet ont une nouvelle valeur psychique.

L'identification spéculaire qui soutenait son être dans le regard et la voix de l'Autre, le sujet doit maintenant se l'approprier, avant de redonner imaginairement à l'Autre une autre consistance : si l'Autre du nourrisson est à référer à la Mère, l'Autre de l'œdipe aux parents, l'Autre de l'adolescent est imaginairement rattaché à l'Autre sexe. Moment donc de solitude essentielle, qui n'est pas sans rapport avec un temps nécessaire dans toute cure analytique, le temps de la fin d'une analyse.

C'est alors qu'il s'avère, après coup, que cette identification première comportait ou non la possibilité d'une telle appropriation, ce qui n'est certainement pas le cas, quand l'adolescent s'effondre sur un mode schizophrénique. Il s'agit alors pour l'adolescent de s'approprier pleinement le regard et la voix de la Mère, alors que dans l'enfance le regard et la voix du sujet sont soutenus par l'Autre.

Cette appropriation explique pour une part les conflits entre l'adolescent et ses parents : l'image qu'il leur « donne », le ton qu'il « prend » pour s'adresser à eux bouleversent ce que l'enfance avait organisé de lien familial. « Regarde-toi ! », « Écoute-toi ! », ces reproches que, parfois, les adultes lancent à l'adolescent traduisent bien, involontairement, ce qui est alors en jeu.

Le regard et la voix à l'adolescence

Le regard et la voix apparaissent alors comme des objets divisés : d'un côté, il y a le regard et la voix du sujet, déjà constitués comme objets, objets partiels articulés à d'autres objets pour soutenir la dimension de l'Imaginaire ; de l'autre côté, le regard et la voix de l'Autre, de la Mère d'abord, puis des parents, enfin de cet Autre sexe idéal ; regard et voix que le sujet doit sinon incorporer, du moins symboliser, sous peine qu'ils ne fonctionnent que dans des hallucinations visuelles ou sonores, telles qu'elles apparaissent quelquefois, à l'adolescence, chez des sujets non psychotiques, en particulier à l'occasion d'expériences amoureuses [10].

A l'adolescence, à la fois, l'Autre parental est affecté dans sa valeur, le sujet est menacé dans son identité, et les objets ne sont pas indemnes [11] : ils sont divisés entre le sujet et l'Autre, ce qui n'est pas sans affecter leur qualité, dans ce moment de réactivation des pulsions sexuelles infantiles. Si l'adolescence est accomplissement, c'est d'un démontage tel que l'objet ne se maintient dans la relation à l'Autre que de se dédoubler, ne serait-ce que provisoirement, exigeant une nouvelle invention de sa place, une réeffectuation de sa perte, une autre symbolisation de sa trace.

La symbolisation nécessaire de ces objets, et particulièrement du regard et de la voix, réactualise l'expérience du miroir. Le phallus est divisé entre sa valeur imaginaire — cette valeur qui, déployée à partir de l'œdipe, mènerait le sujet à l'accomplissement génital — et sa fonction symbolique de signifiant-maître qui fonde le sujet en l'assujettissant à la langue. Nouvelle confrontation, donc, dans sa cruauté, à une castration symbolique, déjà donnée ou imposée dans l'enfance.

Il n'est pas étonnant alors que le sujet récapitule les processus d'identification, dans le registre apparent d'une régression, pour retrouver les voies de cette fondation en même temps que pour en tirer des conséquences quant à l'être.

Vient se confirmer pour la fille qu'elle est à cause de ce qu'elle n'a pas, que la renonciation phallique n'était pas pour elle une simple transition, mais cela seul qui la fait exister par rapport à l'Autre. D'où cette propension, parfois, à affirmer son existence, non pas hors le signifiant, mais contre le signifiant, par une tentative hystérique de contrer le signifiant phallique, dans un certain mutisme ou dans le bavardage, en mettant en avant le corps : « Mon corps vaut bien cela qui donne un prix à toute chose. »

Alors que, pour le garçon, la primauté, officielle, du signifiant phallique a dorénavant pour effet que ce signifiant s'impose à lui, que son existence tient à ce qu'il parle, à ce qu'il pose ce signifiant fondateur et le soutient. Bref, pour être homme, il lui est imposé — c'est là le paradoxe — d'être Maître ; avec deux conséquences redoutables et un échec assuré. Première conséquence : le Maître entretient, on le sait, un étroit rapport à la mort. Deuxième conséquence : il est irrémédiablement seul. De là l'exigence pour l'adolescent de témoigner de courage face aux dangers, et cet « esprit de compétition » qui agite les jeunes mâles, voire la violence de leurs rencontres. Un échec assuré : si l'homme se soutient de ces maîtres mots qu'on lui demande (ce dont témoigne son acharnement fréquent à « avoir le dernier mot »), un mot de trop ruinerait sa position, si bien qu'il n'occupe la place de sujet du désir, la femme en étant l'objet-cause, qu'en refoulant ce qui de son désir se formule sur un mode subjectif. C'est ainsi une figure cliniquement classique qui se dessine : celle de l'obsessionnel qui se posant contre Un, contre un Père en particulier, non pas grand Autre mais Maître, comme garant du Savoir désubjectivé, est contraint par des pensées qui font signe de son désir refoulé.

Ainsi, à l'adolescence, le sujet, produit du signifiant (signifiant phallique), doit s'approprier ce signifiant qui l'a produit, prendre position par rapport à lui, de même qu'il doit s'approprier ces objets chus de l'Autre que sont le regard et la voix. Mais d'autres objets aussi, les plus anodins parfois, viennent axer ces identifications. Ainsi de ces jeux d'adolescents ou de ces gadgets (il manque une étude sur le « walkman ») qu'on voit périodiquement surgir et se répandre dans une classe d'âge. De même pour telle ou telle posture, telle ou telle danse (l'une des dernières en vogue, le « smurf », indique bien que c'est l'image du corps qui est ainsi bousculée, et il n'est pas insignifiant que les principaux adeptes en soient précisément ceux qui sont marginalisés par le discours du maître, les Noirs aux États-Unis, les « beurs » en France).

Mais, plus radicalement, il faut parler d'une identification au symptôme, identification hystérique quelle que soit la singularité du sujet. En effet, c'est le « ça ne va pas » qui sera, dans la relation aux autres, le lien privilégié par lequel le sujet se manifestera cliniquement ; et cela sur un mode tellement exagéré, dramatisé, amplifié, qu'une confusion sera possible avec une pathologie plus grave, perversion ou psychose.

C'est en cela qu'une analyse est possible avec l'adolescent, au plus près de ce à quoi l'analyse peut mener l'adulte, avec les mêmes risques que ceux d'une cure menée à son terme, en particulier l'accentuation provisoire d'une dépression, ou même la proximité avec des états psychotiques, ou encore une somatisation, quand est abordé au plus près l'enjeu du dispositif familial dans l'histoire du sujet. Il s'agit donc de l'appropriation par l'adolescent du symptôme qu'il était dans le désir des parents, maintenant qu'il doit faire face à sa propre responsabilité sexuelle. On conçoit qu'il puisse rester en arrêt devant cette tâche ; c'est tout l'enjeu de l'adolescence, en tant que processus.

Qu'en est-il alors des processus d'identification dans l'adolescence ?

On peut déjà constater que le sujet avance sur un mode cyclothymique, oscillant d'un deuil des images de l'enfance — sur quoi insistait Anna Freud — à une précipitation, voire une exaltation qui inquiète les adultes, vers « tout ce qui bouge », tout ce qui peut faire axe d'identification.

En particulier défilent, plus ou moins teintés d'imaginaire, tous les signifiants qui pourraient tenir lieu de nom-du-père, que ce soient ceux qui lui sont offerts socialement, la Femme, d'abord, mais aussi le Travail, l'Armée, la Révolution, n'importe quoi qui vienne fonder une doctrine, un savoir. D'où l'importance à accorder à ce « choix d'un métier », puisque, la plupart du temps, ce qui est attendu par l'adolescent n'a strictement aucun rapport avec ce que les adultes supposent comme déterminations.

II. De la délinquance *

* Ce texte, à quelques variantes près, est paru sous le titre « Linquere, delinquere », dans *Adolescence,* t. V, nº 1, 1987.

Après s'être considérés entre eux un certain temps, les trois sujets font ensemble quelques pas qui les mènent de front à franchir la porte [1].

J. Lacan

1. L'adolescent et le lien social

Pour introduire à la question de la délinquance, je dirai que cette pathologie assez spécifique de l'adolescence est autant pathologie de la société dans son ensemble que de tel ou tel sujet particulier.

Qu'est-ce qu'un délinquant ? C'est quelqu'un qui « délinque », qui fait défaut à ce qui « linque », mais aussi à ce qui le « linque ». L'étymologie du mot est intéressante : *de-linquere. Linquere,* c'est laisser quelque chose, ou quelqu'un, à sa place, le *de* marque la séparation, le détachement.

Le délinquant, c'est — contre la nature propre aux choses, de retourner à leur place (Aristote) — celui qui déloge : qui déloge les choses, qui se déloge de sa place, de la place qui lui est attribuée par la société.

De quoi ruiner tous les espoirs des éducateurs humanistes de « guérir » la délinquance en trouvant, au jeune qui délinque, une place, une bonne place, une autre place que la prison. De quoi aussi s'interroger sur la proximité d'un délinquant, un qui n'est pas à sa place, avec un immigré, un qui est mis hors-lieu. D'ailleurs, le délinquant modèle, c'est celui qui vole des moyens de transport, des voitures, des vélomoteurs, pour les déposer, les abandonner à une place qui n'est pas la leur ; et dans l'imagerie populaire, c'est un « métèque », un qui est à côté de la maison, un délogé [2].

L'adolescent entre deux lois

Contrairement à la Rome antique, où les divers âges de la vie étaient traités juridiquement, le droit actuel feint de tout ignorer d'un statut de l'adolescent, ne distinguant, en principe, que minorité et majorité légales. Le droit fonctionne dans une logique du oui ou non, et l'on sait qu'à tenter de classer chaque cas particulier en fonction de cette logique binaire, les juristes se doivent de déborder le code, d'« interpréter », sur un mode quasi délirant, chaque cas pour forcer son entrée dans cette logique, somme toute paranoïaque : c'est ce qu'on appelle la jurisprudence.

La spécificité de l'adolescent, c'est d'être « pas tout à fait », pas tout à fait enfant, pas tout à fait adulte, exactement comme l'immigré, surtout celui de la seconde génération [3], est pas tout à fait français, pas tout à fait étranger. Cette logique binaire colle à la différence sexuelle ; il n'est pas étonnant que le « pas-tout-à-fait » soit aisément et fréquemment renvoyé du côté de la perversion.

Au vrai, dans le code même, les exceptions abondent à cette distinction simple entre mineurs et majeurs [4], des exceptions qui, comme tout ratage, même réintégré dans la logique du oui ou non, et comme des lapsus, évoquent une vérité autre. De ces exceptions, il y a nombre, et je n'en citerai que quelques-unes.

D'une part, reste de la curatelle, certains mineurs sont « protégés » au-delà des dix-huit ans fatidiques ; et, si l'on y regarde de près, la totalité des droits n'est pas acquise à cet âge : ainsi, l'éligibilité à certaines charges n'est pas contemporaine du droit de vote (c'est peut-être la trace d'une tradition romaine qui distinguait le jeune homme de l'homme mûr) ; par exemple, on ne peut pas être candidat à une élection sénatoriale avant l'âge de trente-cinq ans.

D'autre part, les âges de treize, quinze et seize ans marquent certains accès à la responsabilité juridique : à treize ans, l'adolescent devient pénalement responsable, même si, jusqu'à seize ans, il bénéficie quasi automatiquement de l'excuse de minorité et n'encourt que la moitié des peines prescrites par le code ; l'émancipation est possible à seize ans ; l'âge nubile de la fille est fixé à quinze ans, et c'est aussi l'âge où, à la fois, l'adoption plénière devient impossible et l'adoption simple requiert l'accord de l'adopté.

D'un point de vue juridique, l'adolescence est la période de l'ambiguïté entre minorité et majorité, irresponsabilité et responsabilité, pervertissant, par la force des choses et des mœurs, le texte d'une loi qui ne fonctionne que par limites.

Cette spécificité de l'adolescence, l'organisation de la psychiatrie en France la méconnaît, et rares sont les lieux qui, en deçà d'une spécialisation liée à une pathologie alors privilégiée (délinquance, toxicomanie, etc.), se définissent comme accueillant la population de cet âge.

La mise en place des secteurs, comme l'enseignement, s'effectue en fonction d'une coupure entre enfants et adultes. Les consultations d'adolescents ont lieu, en général, dans le cadre de la pédo-psychiatrie ; ce qui s'explique, entre autres raisons, et ce n'est pas rien, par des problèmes de financement, puisque la sécurité sociale couvre le remboursement des soins au nom des parents. Mais le renvoi des adolescents du côté des enfants est justifié aussi par la scolarité, terme qui, par exemple, définit la clientèle des CMPP (Centres médico-psycho-pédagogiques), lesquels vont parfois jusqu'à recevoir des étudiants largement majeurs.

C'est pourquoi, sous le prétexte que l'adolescent serait encore, officiellement, dans l'inachèvement, les problèmes qu'il pose sont ou bien considérés comme purement pathologiques (ce qui arrive, mais n'est pas toujours le cas), ou bien « expliqués » en fonction de l'idéologie génético-psychologique, par un prétendu stade que la « maturité » permettrait de dépasser, comme si de rien n'était.

Que certains psychiatres s'écartent de cette position ne résout pas la difficulté, car assimiler l'adolescent à l'adulte, c'est souvent nier le caractère transitoire des symptômes les plus fréquents chez l'adolescent, en les considérant comme signe d'une structure, quand ils ne sont, parfois, qu'expérimentation de la symptomatologie possible pour l'adulte, ou, du moins, pour celui qui n'est plus enfant.

Alors qu'une réduction à la psychiatrie infantile n'évalue le sujet que par rapport à son devenir, une réduction à la psychiatrie adulte ne l'évalue que par rapport à son être. Ainsi est évitée, dans les deux cas, la portée de l'appel d'un adolescent à qui accepte de l'entendre puisque ce qui est alors en jeu, c'est l'irréductible du rapport entre être et devenir. Cela, Véronique, dont il sera question plus loin, le désignait avec perspicacité comme la difficulté de « changer en restant le même ».

Le double aspect de l'adolescence, d'être à la fois limite et période, détermine l'ordonnance de ce qu'on peut appeler la crise formelle de l'adolescence : une limite entre deux statuts, l'un régissant l'enfant qui joue et apprend, l'autre l'adulte qui travaille et participe à la reproduction de l'espèce ; une période d'indécision subjective et d'incertitude sociale durant laquelle la famille et les institutions exigent, au gré des circonstances, que le sujet se reconnaisse comme enfant ou comme adulte.

De l'argent de poche

Cet entre-deux, l'adolescent souvent l'évoque à propos de son rapport à l'argent.

Alors que l'enfant est soumis au régime de la « tirelire », c'est-à-dire une épargne ayant pour origine le cadeau, alors que l'adulte compte, par « revenus », ce qui est censé lui revenir de son travail dans la circulation financière, la revendication typique de l'adolescent est celle d'un « argent de poche ». Excédent quasi vestimentaire, considéré comme un droit, l'argent de poche a pour sens la perte du cadeau, le « gaspillage », sans autre échange que la possibilité de jouissances très partielles, dont la figure la plus évocatrice est celle du « flipper » et qui ont pour sens, entre autres, de marquer, jalonner une sortie hors de la famille vers des lieux collectifs : cinémas, cafés, lieux de passage, etc.

L'origine de cet argent, comme la valeur de ce qu'il permet, compte moins que la révélation, refoulée par l'économie politique et par l'adulte, que l'argent, loin d'assurer la liberté du sujet, garantit un certain fonctionnement social. On sait comment, entre eux, les adolescents peuvent préférer les règles du troc.

Si l'argent est symbolique, ce n'est pas de la possibilité pour le sujet d'accéder à son désir, mais bien du côté de Dieu [5]. De Dieu, car il s'agit alors de se confronter au désir d'un Autre, devenu anonyme, et seulement repérable par ce qui est censé en venir ou en revenir : un signe ou un objet. Ainsi, d'un côté l'argent ne compte pas par son usage possible, mais seulement par l'alternance entre l'accumulation avaricieuse et la dépense, alors conçue comme un gaspillage agressif. De l'autre côté, la marchandise laisse apparaître son indépendance quant à la valeur d'usage, au bénéfice du « gadget », parfait quand il déclenche le rire de par son inutilité.

Ainsi la revendication d'argent de l'adolescent n'est pas celle d'un « mieux-être » que l'argent permettrait, mais immédiatement une demande à l'Autre : la demande que sa place de sujet lui soit donnée et reconnue. L'essentiel n'est pas, dès lors, l'importance de la somme que ses parents lui allouent, mais le style même de cette allocation, en ce qu'elle se distinguerait du don.

Se méfiant des logiques de la circulation financière, refusant à la fois celle du cadeau, adressé à l'enfant, et celle de l'échange fonctionnant entre adultes, l'adolescent en arrive à comprendre que si l'argent circule, c'est pour que le sujet reste en place.

On voit ici comment, tentant de subvertir les rapports sociaux de production et de distribution, ceux qui « font la route » ou « vivent en marge » dénoncent paradoxalement le jeu de la circulation. Ils tentent de circuler « réellement » à la place symbolique de l'argent.

Que ce soit par la revendication de l'argent de poche dans le temps même où l'argent est dénoncé comme une tromperie, que ce soit par le vol d'objets quand ce qui compte, ce n'est pas l'objet volé mais l'acte de voler, que ce soit par la fugue, l'adolescence est le moment d'une tentation nomadique, qui réponde à l'anonymat de la circulation financière.

Fugues et voyages. L'objet du vol

Recherche d'un fonctionnement, d'une loi autre, d'un territoire différent où ce qui circulerait, ce serait le sujet. Espoir déçu, bien sûr, pour autant que le sujet n'existe que par la place qui lui est symboliquement donnée (dans la langue et la famille) et qui l'aliène ; sauf pour le psychotique qui peut rencontrer, alors, le prétexte d'une errance sans fin.

La fugue n'est pas seulement rupture intempestive du cadre familial, mais aussi recherche d'un lieu, d'un lieu mythique — on peut penser au roman de Kafka intitulé *L'Amérique* —, d'un non-lieu où il serait possible, selon la formule de D. W. Winnicott, de se sentir réel [6] par-delà son statut social (l'adresse des parents). Quête d'un endroit où pourraient imaginairement se vivre, à la fois, une existence sociale et une aventure solitaire ; un endroit où se réconcilieraient l'Imaginaire du corps, le Réel de la puberté et le Symbolique de la loi.

Entre l'enfant et l'adulte, l'exode de l'adolescent critique la parodie économique par un voyage initiatique, dont les deux risques sont l'errance schizophrénique et les refuges pervers. Que l'adolescence implique cette dimension-là, le bon sens le reconnaît dans cette formule récupératrice que « les voyages forment la jeunesse ». Sauf que, pour l'adolescent, et cela peut prendre une allure dramatique, il ne s'agit pas de faire du tourisme, de faire un tour avant de revenir au point de départ, mais bien de partir sans prévoir de retour, de partir à la conquête d'un autre lieu, et parfois sur un mode tout à fait particulier ; par exemple dans le « trip », le voyage du toxicomane, et l'on sait comment peuvent être associés la drogue et l'exotisme, indien ou sud-américain, par exemple.

Cette question de la circulation possible du sujet me semble éclairer l'un des enjeux de la délinquance.

En effet, on a coutume d'orienter toute explication de cette symptomatologie du côté d'une déficience de la fonction paternelle ; ce n'est pas faux, j'y reviendrai, mais c'est insuffisant. Si l'on observe l'articulation, dans le discours du délinquant, entre le sujet, l'objet et l'argent, on peut déjà repérer certains caractères spécifiques de la délinquance juvénile : on insistera sur ce qui « délinque », sur le changement de place, la production d'un autre espace que l'espace quotidien où le sujet adolescent n'a pas de place symbolisée.

Articulation donc entre :

Premièrement, le sujet assujetti à un ordre social qui le situe moïquement, en tant qu'enfant dans une certaine fixité, en tant qu'adulte dans une autre fixité. Ne donnant à l'adolescent aucun statut, cet ordre social laisse, pourrait-on dire, le sujet dont le moi se fragilise à la dérive d'un désir sans repère, confronté à des impératifs sociaux, voire à une injonction surmoïque, d'un sur-moi qui a perdu sa face consolatrice (telle que l'évoque Freud) pour ne garder que sa face répressive.

Deuxièmement, l'objet dérobé. En effet, loin de satisfaire pleinement, il s'avère toujours décevant et n'a pour effet que de relancer le désir de voler de nouveaux objets. Il a la valeur de n'importe quel objet partiel, qui ne comble pas la pulsion mais la relance.

Troisièmement, l'argent, dans son équivocité, signifiant-maître à la fois de la circulation des objets marchandises et du sujet en tant qu'il serait fixé, identifié, autonome de par la « disponibilité » dont il disposerait, et lui-même objet à accumuler, à perdre, à gagner.

Avant même de parler d'une autre loi, la loi de la bande délinquante par exemple, on voit bien que, dans l'acte de voler, l'accent est à porter sur le rapport du sujet à l'ordre symbolique, tel que lui-même y est pris, plus que sur une qualité spécifique de l'objet. Sinon en ce que ces objets permettent, d'abord, un déplacement du sujet, directement — le vol d'un moyen de transport — ou indirectement — l'acte étant légitimé par le souhait d'obtenir les moyens de « s'en sortir », de partir de là où l'on est déterminé. Et cela vaut autant pour la délinquance « dorée » que pour celle des grands ensembles.

L'acte délinquant est avant tout une tentative, parmi d'autres, d'inventer un autre espace, d'autres règles de déplacement du sujet et des objets. Ne pas jouer le jeu pour créer un hors-lieu.

La bande délinquante

C'est justement à partir de là qu'on peut penser le phénomène de la bande. Si les sociétés fondées sur la transmission orale préservaient, dans les rites initiatiques, l'espace potentiel de ce non-lieu de l'adolescence, mettant en scène ce qui s'y joue de « mort » et de « renaissance », les lois écrites ne peuvent, elles, que définir des limites et rejeter la dimension même d'un hors-lieu, d'un lieu autre ; sauf dans ce registre : définir un dedans quasi carcéral, celui des « institutions spécialisées », dont le modèle normal serait l'armée, dans une société où le dernier reste de l'année d'initiation est le service militaire.

De son absence de place dans l'organisation sociale, l'adolescent, ne serait-ce qu'un temps, peut en venir à dénoncer une absence de fondements des règles de vie sociale ; d'où une confrontation à la loi qui peut s'accompagner d'un effondrement de la signification — fragilité symbolique, à un pas de la folie —, ou tomber dans une dialectique messianique du renouveau — relance hystérique de la question du maître et de la maîtrise.

On conçoit ainsi que l'anarchie, en ses deux versants, puisse séduire les adolescents : d'un côté, construction imaginaire d'un lieu « pré-historique » ou « post-historique », utopie d'une société sans autre loi que « naturelle », naturellement bonne — ce dont le discours dit écologique serait la formule contemporaine — ; de l'autre côté, la violence réelle contre les représentants actuels de la loi, jusqu'à l'extrême du terrorisme parfois.

Mais cette voie, somme toute de sublimation, qui ne mène qu'à un nouveau conformisme, n'est pas la seule. D'une certaine façon, à l'opposé de l'utopie, la bande constitue, dans l'actualité, un vrai groupe social de type tribal, comme on l'a déjà observé [7]. La bande délinquante est agitée, animée même, par la question des rapports entre sujet, signifiant et objet :

— Le sujet, car l'entrée dans la bande, impliquant des processus explicites d'initiation, est repérage, en deçà ou au-delà de l'identité civile, d'une autre dimension du sujet.

— Le signifiant, parce que c'est autour d'un certain nombre de mots, voire d'un jargon, soutenus par le chef, que le groupe existe et s'ordonne (j'en donnerai un exemple plus loin).

— L'objet, puisque la spécificité de la bande délinquante est d'inventer un autre mode d'appropriation et de circulation des biens, où l'objet acquiert une autre fonction, celle, en particulier, d'être un signe dans sa valeur d'échange, sans égard pour son image ; ce dont témoignent les trocs qui, la plupart du temps, sont le mode d'économie interne à la bande.

Le délinquant, qu'il soit ou non intégré à une bande, et la bande délinquante elle-même sont des figures inventives, actives, dont la dynamique est celle d'un changement de place ; car l'adolescent, délinquant ou non, est toujours dans un tel changement structural, que les instances sociales ne symbolisent pas, ou symbolisent mal.

Comme le souligne Winnicott [8], l'acte délinquant est aussi, comme symptôme, à concevoir dans sa positivité : il est encore un appel, voire une interpellation de la société. Allons plus loin. Peut-être le profil psychologique du délinquant juvénile, loin de permettre de préciser un type clinique particulier, la psychopathie par exemple, n'est-il pas radicalement différent de celui de n'importe quel adolescent, sauf à l'accentuer, étant plus au vif des impasses du lien social.

Du point de vue du psychanalyste rencontrant de jeunes délinquants — ce qui ne m'est arrivé que quelquefois et le plus souvent par un biais institutionnel —, la tâche ne saurait donc être de « guérir » la délinquance, mais de permettre au sujet d'explorer d'autres voies moins périlleuses.

Du côté des intervenants sociaux, le risque est double, et on le connaît : ou bien, en allant dans le sens d'une répression sociale, confirmer pour l'adolescent sa plainte d'être victime d'un monde injuste ; ou bien, au nom de la compréhension éducative, nier cette manifestation intempestive du sujet désirant, au bénéfice d'une complicité moïque. Éviter ces deux pièges n'est pas facile.

2. Histoire d'adolescent

Eugène et la psychopathie

Je reprendrai cela en évoquant ma rencontre avec un jeune délinquant que j'appellerai Eugène. De son histoire et de ses propos j'accentuerai ce qui peut se retrouver chez d'autres jeunes délinquants, sans rien développer de sa structure. Je dirai seulement que chez Eugène il ne s'agissait pas de psychose.

Eugène avait quinze ans lorsqu'il accepta de me rencontrer, sur l'incitation de sa mère inquiète de ses chapardages et de sa participation à une bande, dont deux membres avaient été arrêtés par la police. Sa mère et lui avaient déjà consulté une assistante sociale, puis un psychiatre qui me les avait adressés. Une cure put avoir lieu. Je reçus Eugène une fois, puis deux fois par semaine pendant dix-huit mois, ainsi que sa mère, quelquefois, en sa présence. De cette cure je soulignerai seulement quelques points.

Premier point, la lignée généalogique. Pour chaque adolescent, les parents se révèlent, à un moment ou à un autre, décevants de n'être pas faits d'une autre matière que les enfants, de ne plus suffire à donner consistance imaginaire à ce grand Autre qui fait référence ultime de l'être et du discours.

Si une cure fut possible, c'est qu'Eugène accepta immédiatement de se demander avec moi ce que sont un père et une mère, questions qui faisaient fond à son comportement. J'aborderai en premier lieu le problème de la fonction paternelle.

Quand Eugène accepte de me rencontrer, il parle d'abord d'un personnage qui joua, précocement, un rôle parallèle à celui de son père : un de ses frères, l'aîné, qui mourut dans des conditions dramatiques, quand Eugène, le plus jeune de la fratrie de cinq garçons, avait deux ou trois ans ; un accident à bord d'une voiture volée et un assez long coma.

Le silence avait été longtemps fait sur les conditions de ce décès qui n'avait été vraiment abordé, devant Eugène, que lors des quelques entretiens avec un psychiatre. Après coup, je peux dire que le travail analytique fut clairement défini, déjà par lui, comme un travail de deuil.

En confrontant cette histoire à quelques autres, on peut soutenir l'hypothèse que chez chaque adolescent délinquant se retrouverait, précocement, une figure ancestrale, qui double la figure du père. En d'autres termes, il ne s'agirait pas d'un effacement du père — effacement sur lequel on a tant glosé, jusqu'à renvoyer le délinquant à la limite de la psychose — mais, au contraire, de la multiplication, donc de la division, des images paternelles. En effet, si, comme le montre Lacan, la métaphore paternelle vient soutenir l'ordre du Symbolique, alors, ce qui serait en cause ne serait pas une opération manquée, comme dans la psychose, mais la qualité de ce « père », qui n'est pas immédiatement et de façon privilégiée associé au père de la réalité.

Ce n'est pas une erreur, puisque le père de la réalité ne peut garantir cette opération que du fait d'une illusion et provisoirement. Le délinquant, loin de méconnaître la fonction du père, l'interroge, en dissociant, directement, le père réel (le géniteur), le père imaginaire (celui que la mère soutient à cette place), et le père symbolique (garant du nom et de l'identité). On voit assez souvent de jeunes délinquants projeter sur plusieurs figures paternelles dispersées (un oncle, un juge, un chef de bande, etc.), chacune de ces dimensions. Surtout quand le père témoigne d'une défaillance particulière, qu'elle soit réelle (invalidité, alcoolisme), imaginaire (dans le discours de la mère), ou symbolique (étranger, par exemple).

Certes, l'adolescence est toujours marquée par ce questionnement sur la fonction paternelle. Le délinquant se caractériserait alors par la précocité et la nécessité de ce questionnement.

On peut ainsi comprendre l'une des fonctions, chez les jeunes délinquants, du surnom, du second nom dont ils ont été baptisés.

En l'occurrence, Eugène portait un surnom évoquant un véhicule, dont l'énonciation constitua un temps important de la cure ; on pourrait dire, de ce surnom, qu'il était à la fois dépréciatif — on retrouve là la dévalorisation propre, selon Freud, au deuil et surtout à la mélancolie [9] — et, dans un second temps, valorisé par le chef, qu'il assurait à Eugène une identité dans la bande. Disons que ce surnom était du genre « Teuf-Teuf ».

Que le sujet soit accroché, dans un second nom, par un défaut, renvoie à la fonction du symptôme.

L'inscription symbolique, pour Eugène, était fondée, en plus de l'organisation œdipienne, sur un deuil mal fait, si bien que le temps de cette opération d'entrée du sujet dans le monde socialisé restait pour ainsi dire à vif ; le refoulement originaire — et donc l'institution du sujet dans le langage et la filiation — avait bien eu lieu, mais laissait présente une douleur, mal suturée par l'élaboration secondaire œdipienne.

D'où la multiplicité des thèmes de l'infini et de la mort, sur lesquels il butait, plus encore que d'autres adolescents. Dans la cure, il fallut défaire, dans la généalogie, ce qui ressortissait de ce deuil avant d'aborder toute autre question.

Que le père, la fonction nominative soient affectés, mais sur un mode différent que dans la psychose, a justifié l'usage fréquent, à la fois dans la psychiatrie et du côté d'institutions spécialisées, du diagnostic de psychopathie [10], pour rendre compte du comportement délinquant.

De par son ambiguïté même [11], le diagnostic de psychopathie témoigne de la difficulté de saisir la problématique du délinquant : dans le même temps où son acte, qui le structure, fait symptôme pour lui-même, lui signifiant l'irrémédiable de son isolement, le psychopathe fait de son existence — ek-sistence revendiquée avec force : « c'est quand je revenais de faire un coup, que je me sentais le plus excité », me disait un autre analysant à propos de sa jeunesse tumultueuse — un symptôme de la civilisation et des discours sociaux, le signe d'un appel à d'autres. On retrouve là, exacerbée, l'ambivalence de tout adolescent, tour à tour « renfermé » sur lui-même et extrêmement engagé socialement.

Le diagnostic de psychopathie peut être utile, me semble-t-il, du point de vue du psychanalyste, ne serait-ce que, dans un premier temps, pour rendre compte d'un certain type de demandes : les demandes de sujets, non psychotiques, engagés dans des séries de passages à l'acte. Mais il faut alors le préciser dans la clinique freudienne.

Si le psychotique agit en obéissant à une injonction qui lui viendrait d'un Autre halluciné, et si le névrosé est conflictuellement pris dans une agitation stérile (théâtralisée chez l'hystérique, culpabilisée chez l'obsessionnel, arrêtée chez le phobique), le psychopathe est, selon le terme que lui-même utilise souvent, « entraîné » à ses actes délinquants par des compagnons ou par un maître.

C'est ce qui organise son transfert éventuel, mais, le plus souvent aussi, sa « complicité » avec un maître pervers s'il en rencontre un. Là encore — et c'est en cela que ce diagnostic pourrait être fréquent chez l'adolescent — domine aisément la figure du héros, argonaute entraîné sur un chemin initiatique ponctué d'aventures imprévues, jeune Œdipe n'ayant pas encore rencontré son destin.

Ainsi, on conçoit l'évolution possible de l'adolescent psychopathe vers une pathologie névrotique « classique » [12]. Mais d'autre part, entre les manifestations névrotiques de la crise d'adolescence (les « expériences ») et les symptômes d'une « vraie » psychopathie, la limite est souvent imprécise, sinon dans la durée d'une telle période critique et ses conséquences sociales. La psychopathie serait le signe d'une longue adolescence exacerbée.

A l'inverse, considérons la psychopathie, non plus comme effet d'une histoire personnelle, mais comme symptôme social. Dans cette perspective, la spécificité de l'acte délinquant dépend du modèle social, tel comportement légal dans une société devient illégal dans une autre. Alors, comme il n'y a jamais de « bonne loi » ni de « bon maître », l'existence du délinquant — d'une partie de la population qui soit témoin des limites de la loi — paraîtra aussi nécessaire que les distinctions qui organisent le champ social (par exemple citoyens/étrangers, mineurs/majeurs) ; cette partie de la population sera caractérisée par une position particulière quant aux signifiants-maîtres d'un système social fondé sur la loi du Père.

Le père d'Eugène n'était pas étranger, mais il était, de par son origine paysanne, mal intégré au mode de vie citadin, traînant un patois que refusait la mère ; et il se considérait lui-même comme un « déraciné ». Au cours de sa cure, Eugène évoqua le discours des « voisins » sur sa famille et sur son père, justifiant de lui-même sa désobéissance par la dévalorisation des figures parentales, jusqu'à prôner un fatalisme dépressif, assez courant chez l'adolescent, mais chez lui aggravé.

L'enfant ne peut affirmer son identité, à travers l'ambivalence des sentiments adressés au père, quand le discours social justifie le meurtre symbolique du père, que ce soit par un discours raciste ou au nom de la défense de l'enfance contre des parents « indignes ». Il n'y a pas lieu de s'étonner qu'un jeune délinquant, alors même qu'il apparaît comme un « révolté », puisse soutenir en même temps les idées les plus conformistes, ou que quelqu'un qui semble victime du racisme vienne défendre l'idéologie raciste, en particulier contre ses parents. Et cela, bien au-delà de l'auto-dépréciation mélancolique.

A l'encontre d'une idéologie protectrice, « déculpabilisatrice », le meilleur service à rendre à un jeune délinquant, c'est de lui permettre de revaloriser le père et le groupe familial, et non d'entériner une soi-disant « culpabilité » des parents.

Pour Eugène, cette revalorisation suivit le travail de deuil de son frère aîné, et elle alla de pair avec la possibilité de critiquer le discours du chef de la bande. Revalorisation paradoxale, puisque ce fut l'occasion pour Eugène de mettre en balance ce qu'il pouvait reprocher à son père et ce qu'il lui découvrait comme qualités ; il ne s'agissait pas de reconstruire un père tout-puissant, à la place par exemple occupée par le frère aîné, mort et mythique, mais, au contraire, de s'appuyer sur ce père de la réalité pour critiquer la maîtrise comme illusoire et considérer son errance comme relative.

C'est toute la difficulté, face à de tels sujets, que de remettre à sa place le « discours du maître », en évitant de devenir ou le complice hystérique ou le nouveau maître.

Quant à la question de la relation d'Eugène à sa mère, je l'aborderai à partir de son rapport aux objets qu'il volait.

C'était assez précis : des vélomoteurs et des motocyclettes que, parfois, il démontait avec une bande pour en revendre les pièces, et que, d'autres fois, il abandonnait le jour même ; mais aussi des marchandises variées, des objets dont l'intérêt pratique ou commercial était douteux, et de l'argent.

La question se pose du statut de ces objets : en effet, la revente des pièces des vélomoteurs ou des marchandises, ou leur abandon, n'était qu'un pis-aller, et il se serait satisfait d'une accumulation, impossible par manque de place. A quelques rares exceptions, les jeunes délinquants, même quand ils ne se font pas prendre, ne deviennent pas riches ; ce n'est pas ce qu'ils recherchent.

Eugène précisa tout de suite qu'il ne volait pas n'importe qui, même s'il volait n'importe quoi. Il avait commencé par prendre de l'argent dans les réserves familiales ; ensuite, il alla chaparder chez les commerçants que fréquentait sa mère ; puis il se trouva « entraîné » dans de petits cambriolages chez des voisins ou des familiers de sa famille, dont il connaissait les allées et venues ; enfin, dans les environs, il suivit la bande en ses pérégrinations chez des inconnus.

De lui-même, il soulignait la progression centrifuge de ses chapardages. Petit à petit, il s'éloignait d'un centre, la maison, s'inventant un territoire de plus en plus grand, mais toujours en rapport avec « l'intérieur », le domicile familial où trop de monde empêchait toute intimité : conquête lente d'un « extérieur », d'abord hostile et aventureux, territoire qui s'agrandissait par cercles concentriques, désignés d'abord par le rapport entre les personnes à léser et ses parents ainsi que par l'éloignement kilométrique de chez lui.

Comment sortir de la maison ? C'est bien évidemment un enjeu spécifique de l'adolescence. Je cite Eugène : « Ce que je pique, c'est n'importe quoi ; ce qui est important, c'est là où je le pique ; on prend des drôles de risques ! » En effet, plus il s'éloignait du centre vers des lieux de moins en moins repérés, plus il pouvait se faire prendre, et plus important était son plaisir.

Parallèlement, il allait chercher plus loin des choses de plus grande valeur marchande.

« Ce que je ne ferais pas », dit encore Eugène, c'est-à-dire ce qu'il pose comme l'extrême de son désir, « c'est voler une voiture ». Cela, qui renvoie bien sûr à la mort de son frère, on peut l'entendre chez nombre de jeunes délinquants : chacun pose une limite ultime à ce qu'il peut tenter, parfois celle de la violence et du meurtre, parfois aussi celle des victimes de ses agressions — « pas les pauvres », « pas les Arabes », déclare tel ou tel — ; généralement, la progression consiste précisément à repousser cette limite du désir, à aller « de plus en plus » loin.

En même temps qu'il se vantait de petits délits, quant à l'écho qu'il en recevait des autres en général, de moi en particulier, Eugène soulignait aussi, dans un second temps, en quoi ils étaient insatisfaisants ; ils n'avaient pour effet que de relancer le désir un peu plus loin, vers de nouveaux objets finalement tout aussi inconsistants. Parfois, il parlait de ce « gros coup », de cette réussite idéale qui ne peut pas ne pas laisser paraître, ne serait-ce que par son intitulé, sa composante sexuelle : la jouissance jamais atteinte, et au plus près du risque mortel.

Ce rapport aux objets volés, concrétisations partielles d'un objet du désir sans cesse renvoyé hors de portée, et l'acte de voler, de « délinquer », comme dérobade du désir, nécessitent d'évoquer la relation d'Eugène à sa mère.

Sans pouvoir généraliser, disons que la mère d'Eugène ressemblait sur un certain point à d'autres mères de délinquants que j'ai rencontrées : elle avait éprouvé à l'égard de son fils une phobie d'impulsion, qui avait marqué leurs premières relations.

Au moment de nos entretiens, cette mère manifestait un comportement obsessionnel très prégnant, mais dans des limites socialement acceptables, et même plutôt apprécié par les personnels de soins qu'elle avait rencontrés : elle était ponctuelle, remplissait à temps tous les papiers nécessaires, etc. Elle était très attentive à son mari mais lui témoignait une certaine condescendance, appuyée sur une certaine culture, une maîtrise rare de la langue dans le milieu qu'elle fréquentait, acquise sur un mode autodidacte.

Entre la mère et le fils, la relation était explicitement marquée d'ambivalence. Elle s'inquiétait de le savoir dehors — à juste titre depuis quelques années — et lui se moquait de son inquiétude ; mais il était rarement absent aux moments des repas. Il serait exagéré de parler d'une attitude complice, mais le comportement symptomatique d'Eugène nourrissait leurs rapports.

Elle évoqua, dès la première rencontre, et en soulignant qu'elle « avait changé depuis », une phobie d'impulsion qu'elle avait éprouvée à la naissance de chacun de ses enfants, une peur de « les laisser tomber par la fenêtre ou dans l'escalier », qu'elle contrecarrait par tout un dispositif obsessionnel. A la naissance d'Eugène, elle était allée jusqu'à grillager les fenêtres de l'appartement. Quelqu'un d'autre le portait pour descendre les escaliers, et devait assister aux bains du nourrisson : un frère ou une voisine.

Durant la petite enfance d'Eugène, sa mère oscilla donc entre des moments de grande tendresse — les tétées — et une mise à distance en toute autre occasion. Elle souligna aussi la simultanéité entre un sevrage complet tardif — elle allaita plus d'un an — et l'acquisition de la marche, du langage et de la propreté. « En un mois, il a tout su. » Au même moment, ses impulsions cessèrent de l'importuner ou, du moins, s'espacèrent et s'effacèrent en quelque temps.

A propos de cet allaitement prolongé, la mère précisa qu'elle dut très tôt ajuster une tétine à ses seins, « parce qu'il mordait », ce qui ne l'empêcha pas de poursuivre l'allaitement jusqu'à ce qu'un médecin ordonne le sevrage complet.

De cette première année jusqu'à huit ou neuf ans, elle n'avait rien remarqué dans le comportement d'Eugène qui lui parût anormal. Plus tard, revenant sur cette première année, elle se souvint d'un moment de panique qu'elle avait eu, en surprenant Eugène, âgé de quatre ou cinq mois, dans son lit : il avait saisi un drap pour le mettre à la bouche et s'était entortillé la tête au point qu'elle avait cru qu'il s'était étouffé. La mère avait alors décidé, après s'être réveillée plusieurs fois les nuits suivantes pour vérifier qu'il dormait bien, de fixer les draps et les couvertures avec des pinces ; quelques jours plus tard, elle prit l'habitude d'attacher aux rebords du lit tous les jouets qui s'y trouvaient. Cela aussi jusqu'à ce qu'il eût atteint un an.

En fait, cette première année d'Eugène fut marquée par l'inaccessibilité de tout autre objet que l'objet oral, et par l'instauration d'un rapport ambivalent avec la mère. Le monde était encore pour lui marqué par une séparation radicale entre la maison où l'on mange et dort, et le monde extérieur, à la fois interdit et inaccessible. C'est cette séparation que l'acte délinquant transgresse [13].

Revenons sur le rôle de la bande. Nous n'insisterons pas sur sa structure interne, sur laquelle on a déjà beaucoup glosé. Ce qui anime la bande, ce qui désigne un Autre du chef, c'est-à-dire le détenteur supposé de la logique de ce socius-là, ce n'est pas à l'intérieur du groupe qu'il faut le localiser, mais à l'extérieur ; c'est l'Ennemi de la bande.

Eugène expliquait qu'il ne haïssait pas ceux qu'il volait ; ceux qu'il haïssait, c'étaient les « flics » et les autres bandes, ceux qui ne respectaient pas la même loi. Mais, en même temps, remarquait-il, contre eux, il était amené à faire comme eux. « Les gitans », racontait-il, « ils sont en bande et ils nous attaquent, alors on est obligé de se défendre », ou bien : « les flics tabassent les types qu'ils prennent ; si on pouvait en attraper un tout seul, on le tabasserait. »

Le chef de la bande, alors, c'est celui qui ressemble le plus possible à cet Ennemi, tout en étant un « bon maître » ; cela, bien sûr, rate, et anime les querelles internes à la bande.

On peut imaginer comment ça peut marcher, jusqu'au pire, si le chef de la bande réussit, sur un mode alors pervers, à user de ses affidés comme d'instruments dans un rapport à l'Autre considéré, consciemment, comme un ennemi ; comment, ainsi, un Hitler put s'assurer la fidélité d'une bande, et l'adhésion d'une grande proportion de jeunes ; de même, on peut comprendre et ne pas trop s'étonner de ce qu'un personnage, à l'opposé du « type aryen », ait pu en soutenir le modèle.

Eugène me raconta qu'un jour le « chef » de la bande s'est imposé en proposant d'aller « piquer un Got ». Qu'est-ce qu'un « Got » ? Contrairement à ce qu'une interprétation hâtive pourrait donner à penser, ce n'est pas un des noms de Dieu ; c'est un

« flipper » (la plupart sont fabriqués par une marque américaine, Gottlieb). Ce flipper-là, la bande a en fait renoncé à le voler et s'est contentée de l'accaparer, dans un café extérieur à la zone habituelle du groupe, refusant en sa présence que quiconque d'autre y joue.

Pourquoi ne pas dire « flipper » ? Pour deux raisons : la première, le rôle d'une langue nouvelle — et dont on trouverait un autre exemple dans l'usage de l'ancien « verlan » d'abord par les « beurs », les jeunes immigrés arabes de la seconde génération — ; la seconde parce que, je cite, « c'est des cons qui passent leur temps à jouer au flipper ». Celui-là — qui avait en outre pour particularité de ne pas être un « Got », un « Gottlieb » — était un très vieux modèle, à cinq boules, qui, de par cette nomination à la fois énigmatique et appropriative, passait pour un objet tout à fait différent et nouveau.

Le chef était donc celui qui, entamant le champ du monde extérieur, du monde des autres, produisait, par l'invention d'un nom, un nouvel objet, à la fois le même, reconnaissable et classable, et différent.

Pour Eugène, d'une certaine façon, le chef de la bande se situait à la place du frère aîné mort, à égale distance d'un père dévalorisé et d'une mère ambivalente, à l'opposé de ces deux figures, mais reprenant certains de leurs attributs. Assez rapidement, ainsi, Eugène put manifester ses critiques, ses reproches, voire un certain mépris, à l'adresse de cet autre adolescent ; cela en s'appuyant dans la cure sur un transfert dont on mesure combien il est problématique, puisque le thérapeute peut être amené à prendre cette place, tout à fait aliénante pour le sujet.

Je terminerai cette présentation, non pas en déployant le parcours qui fut possible avec Eugène, d'un travail de deuil jusqu'à la reconstitution d'un monde objectal articulable, mais en indiquant comment un basculement eut lieu, portant à la fois sur le symptôme et sur les discours auxquels il se confrontait.

Un renversement s'est opéré quand il put dire au cours d'une même séance — j'évoque ici ses propos de mémoire, car je n'ai pas retrouvé mes notes de ce jour-là : « voler, c'est comme si je me faisais des cadeaux à moi-même », et « si je les vends ou je les jette, c'est parce que je n'ai pas de place pour les ranger ».

Il définissait ainsi un certain rapport à l'objet, qui lui permit par la suite d'analyser avec finesse sa relation à la mère. Mais un premier temps fut nécessaire où il examina les discours quotidiens : « Ce que je refuse, dit-il, c'est que, pour avoir quelque chose, il faut le demander ou rentrer dans le système » ; « le demander », « rentrer dans le système », c'est ce qui gère la relation sociale supposée normale : d'un côté, un discours revendicatif, celui d'un sujet qui fait parade de son manque et attend d'un autre qu'il lui donne ce qu'il demande ; d'un autre côté, un discours « fonctionnaire », celui d'un sujet qui n'existe que comme produit d'un mode de fonctionnement légalisé.

« D'ailleurs, ajouta-t-il, quand je demande quelque chose à ma mère, je suis toujours déçu ; quand j'étais petit, ce qui me plaisait le plus à Noël, c'étaient les boîtes, parce que ma mère faisait de très beaux paquets ; maintenant, elle ne me donne que de l'argent pour acheter ce que je lui demande... » Alors même qu'il demandait explicitement à être considéré comme un adulte, il témoignait de sa nostalgie d'une relation à la mère, dans laquelle le don est plus défini par le « contenant » que par le contenu. Le monde auquel il se confrontait désormais le plaçait face au choix de revendiquer ou de se conformer, d'accepter l'une des deux formes dominantes du lien social.

D'autre part, quelque temps après — et c'est de là que je daterais sa véritable entrée dans un dispositif analytique —, il opposera le discours du chef de la bande et le mien.

Silencieux durant un début de séance, il m'apostropha : « Vous ne me donnez pas d'idée pour parler, je ne sais pas quoi dire. » A la suite de ma réponse, du style « je n'ai pas ici à te donner quelque chose », il précisera ce que lui donne le chef de la bande : « Il ne donne pas des choses, il donne des idées. » Préciser ce « donner des idées » fera l'objet de plusieurs séances.

Ces deux discours, celui du chef de bande et le mien, s'opposent comme ceux de la revendication et de la conformité, mais sur un mode plus radical. On saisit là la difficulté de soutenir une position analytique ; c'est ce qui me permet d'affirmer qu'une analyse fut possible, que soit soulignée la divergence entre ceux qui pouvaient d'une façon ou d'une autre répondre à sa demande, par un ordre, un don ou une idée, et celui qui, dans la relation, le renvoyait à sa demande.

Tout en continuant à « délinquer », Eugène parvint au terme de ses rencontres avec moi, après avoir rompu avec la bande et s'être lancé dans une nouvelle activité : apprendre à conduire une moto et passer le permis. Il commença un apprentissage de mécanicien.

J'avais rédigé la première version de cette présentation quand je l'ai croisé en ville. Il m'a abordé. Il a renoncé à tout acte délinquant, après avoir rencontré une jeune femme qu'il a depuis épousée.

3. Les discours sociaux

L'adolescent délinquant constate que la société est organisée non par une parole unique, vraie et fiable, mais par différents discours, divergents et contradictoires, et que l'individu n'a pas une seule place stable lui assurant à la fois un statut et le bonheur, mais qu'il circule entre ces discours, y perdant, quand il devient adulte, les repères de son enfance. Il n'est sans doute pas inutile que l'analyste, mais aussi tout adulte confronté au délinquant, qu'il soit enseignant, éducateur, parent, puisse repérer ces différents discours, tout comme peut le faire, en acte, l'adolescent lui-même. Lacan et sa théorie des quatre discours y aident sans doute [14].

Les discours quotidiens

Les discours quotidiens — ceux qui animent notre quotidienneté sociale —, ce sont d'une part le « discours hystérique » — que je nomme ici revendicatif —, celui de l'analysant demandeur mais aussi celui du militant politique ou syndical, à la recherche d'un bon maître ; d'autre part le « discours universitaire », celui du fonctionnaire faisant marcher, et parler, un mécanisme qu'il ne fonde pas, et qui lui-même ne trouve sa place de sujet qu'à être le produit d'un commentaire incessant.

Ces deux discours gèrent la distinction familière entre « vie privée » et « vie publique », distinction que contestent fréquemment les adolescents. Dans le « privé », nous aurions à témoigner de notre manque et de notre appel à un autre singulier qui puisse assurer notre être ; dans le « public », nous aurions à faire fonctionner un ordre social défini par ailleurs, renvoyant à plus tard (les « vacances ») l'occasion de jouer de nos désirs.

Si ces discours s'opposent, ce n'est certainement pas sur le mode antinomique mais dans une certaine complémentarité, que les adolescents mesurent.

Les autres discours

Mais ces deux discours ne sont pas les seuls. Lacan, à partir de là, repère deux autres discours.

D'abord celui du maître. L'adolescent dénonce la soumission de ses parents au « système » ou la petitesse de leurs demandes, parce qu'il les perçoit être dépendants d'un ordre qui les dépasse, d'un maître supposé qui, méconnu, les assujettit, alors qu'ils lui apparaissaient, quand il était enfant, tout-puissants. Le terme de « système » traduit joliment qu'il s'agit d'un discours, mais d'un discours qu'on ne peut s'approprier, et qui est du registre de l'ordre. De quoi, naïvement, ou bien s'engager dans un discours de la liberté, ou bien chercher un nouveau maître qui soit enfin « bon ».

Mais le problème, si l'on suit Lacan, est que ce discours du maître, s'il ordonne l'ordre social, est par là même fondateur pour le sujet : j'existe au monde d'être signifié par un mot particulier, le nom propre d'abord, ou encore le surnom, comme ce fut le cas pour Eugène (Teuf-Teuf), un mot qui vient d'un autre, indéfini, et à partir duquel je peux manifester mon existence. La fondation du sujet vient de l'Autre — ici Autre avec un grand A pour le différencier du semblable — : ce savoir, l'adolescent le rencontre ; mais il tente d'en subvertir le pouvoir, parfois sur un mode hystérique [15], parfois plus radicalement.

A l'opposé, un autre discours, virtuel dirais-je parce que supposant qu'un sujet accepte d'y soutenir la place fragile de l'énonciateur ; ce quatrième discours est le seul à permettre à la fois le démontage des trois autres (les discours de l'hystérique, de l'universitaire et du maître), et l'invention d'une autre relation transindividuelle : c'est le discours psychanalytique. Dans la confrontation à ce discours pourra s'apprendre, non pas que l'analyste serait un « bon maître », mais que tout discours ne tient que par la créance qu'on accorde à qui l'énonce. Et l'analyste pourra indiquer au sujet qui n'a pas de place qu'un sujet n'est jamais à sa place, qu'il n'est pas contenu par les discours quotidiens : celui qui délinque ne fait que l'expérience d'un ratage nécessaire.

L'idéal de la liberté

Ainsi peut se faire valoir une liberté qui n'est pas celle d'un Camus, pour citer l'auteur que les adolescents parfois connaissent — liberté de désarroi du sujet —, mais celle de Spinoza — liberté comme connaissance des déterminations [16].

Les adolescents ne jouent pas le jeu, ce jeu social qui nous fait osciller entre le discours hystérique et le discours universitaire. Les adolescents ne jouent pas le jeu social : le pas de deux entre fonctionnaires et militants politiques ou syndicaux, ça ne les concerne pas, ou peu ; et ils en arriveront parfois à se trouver face à face avec le pouvoir — ou plutôt avec les représentants du pouvoir —, face aux forces de l'ordre, que ça produise la délinquance juvénile ou Mai 68.

En fait, à partir de six ans, ou même avant aujourd'hui, l'enfance est sous la tutelle de l'école : là s'apprennent les modes de fonctionnement sociaux, savoir d'un côté, désir de l'autre — au pire, le désir mis au service du savoir —, de telle sorte que soient distinguées, dans notre monde idéologique, « vie privée » et « vie publique ».

La période dite de latence correspond à une phase de socialisation, d'intégration par le sujet d'un surmoi qui n'est efficacement répressif et organisateur que parce qu'il est aussi protecteur. La soumission des forces pulsionnelles, la castration, d'abord vécue comme mutilation, devient, illusoirement, le moyen d'accéder à un rapport social : « Vous perdez, mais c'est pour gagner ; la castration est votre mise dans ce jeu. En refoulant le désir, vous avez droit à une certaine jouissance, celle de l'être, d'être un adulte. »

L'école n'a pas pour unique fonction de transmettre un savoir, la part de savoir socialement utilisable, elle a aussi la fonction de refouler une autre part du savoir, celle qui se constituera comme le savoir inconscient [17]. L'école est l'instrument privilégié du refoulement social au profit de l'institution. Le mot « institution » est assez précis. Non pas dans le seul sens d'une répression du désir, mais aussi dans le sens d'une promesse de jouissance ; car l'ordre social est tel qu'il divise aussi bien les sujets entre eux que le sujet lui-même, entre une place de chaînon assurant la continuité du lien social et une place de sujet revendiquant, à la recherche d'un bon maître. Que la référence ultime du discours cesse d'être les parents explique que l'adolescent refuse cette oscillation perçue dans le discours des adultes, qu'il refuse aussi bien, pour reprendre ce que dit Eugène, de « demander » que de « rentrer dans le système ».

Mais ce refus est illusoire, car il s'énonce auprès des parents et des adultes en général selon l'un de ces discours : ou bien l'adolescent se plaint de son sort, attendant de son interlocuteur qu'il lui trouve enfin une bonne place et lui donne une bonne loi ; ou bien il se réclame d'une autre normalité, d'autres règles, tout aussi astreignantes, et va éventuellement chercher un autre maître que celui supposé aux adultes.

A l'adolescent apparaît, de façon privilégiée, comment nous, adultes, sommes assujettis en fin de compte à un discours du maître — au discours d'un maître qui, nous assurant une nomination, reste lui-même innommé [18].

Critique des idéaux de vérité

Le remaniement symbolique alors à l'œuvre, du fait d'une modification de l'image de l'Autre, moins soutenue qu'elle ne l'était par les parents, se marque souvent par une perturbation de la nomination. Et cela en deux sens : d'une part, l'adolescence est l'âge des surnoms ; d'autre part, c'est l'âge où l'on se cherche un maître, un qui tiendrait « le Discours », qui nommerait « vraiment » le sujet. Quête évidemment vouée à l'échec.

On sait l'attrait de la philosophie pour les adolescents qui, scolairement, peuvent y accéder. La tradition date de Socrate, dont le public privilégié était celui des jeunes gens de la Cité. Quand le professeur de philosophie accepte la portée éthique de ce qu'il met en cause pour ses élèves, sans se réfugier derrière tel ou tel système doctrinal qui fasse clôture (Freud et Marx eux-mêmes peuvent y servir), il est apostrophé sur les questions de la consistance de l'Autre et du statut des discours. Et la philosophie est au vif de l'ambivalence à l'égard du discours du maître que manifestent les adolescents ; contestation du discours courant, ou de ce qui apparaît ancien discours, elle est elle-même production ou commentaire d'un nouveau discours du maître. Mais il est loisible au professeur sinon d'éviter, du moins de limiter cette clôture, et de donner à l'élève quelques moyens discursifs — et non symptomatiques — d'utiliser son sens critique, pour produire sa propre clôture, ou, à l'occasion, aller expérimenter une autre contestation, celle que peut permettre la psychanalyse par exemple.

Cette ambivalence quant au discours du maître — discours qui, à la fois, fonde toute position subjective et la détermine comme assujettissement —, cette mise en cause par l'adolescent, un personnage quasi légendaire pourrait l'illustrer : Alcibiade — on le prit, soulignons-le, durant tout le Moyen Age pour une femme. Jeune homme encore, ancien élève de Socrate, alors que nommé chef des armées il était devenu un héros, il fut accusé d'avoir castré les Hermès, les statues de marbre des messagers de l'Olympe. Que l'accusation ait été probablement fausse est de peu d'importance. Les adolescents sont les plus à même d'un acte de profanation contre ce qui représente une garantie pour la cité, alors même qu'ils revendiquent d'y être reconnus à une place.

Qu'un autre discours soit possible, cela ne va pas de soi. Mais c'est avec cette attente que l'adolescent peut s'adresser à l'analyste ou au philosophe, pour trouver une bonne clé [19], un « vrai » nom ou une autre loi, dans une demande alors moins axée sur le symptôme que sur l'éthique. S'il est vrai que toute cure mène à son terme à la question éthique — l'essai de fonder autrement le lien social, ne serait-ce que, au minimum, dans le couple —, cette question éthique est première avec les adolescents, et ils entendent bien la différence entre une position thérapeutique, médicale, et la position analytique.

Mais, de là aussi, les pièges transférentiels. L'adolescent, s'il ne rejette pas l'analyste du côté du « monde des adultes », le tire vers une position de complice ou de « bon maître », avec plus de facilité que tout autre analysant. Alors si on considère l'acte délinquant au-delà de sa spécificité et de la singularité de celui qui le commet, ne peut-on rapprocher cette tentative de « délinquer », de changer de place, de l'absence de place qui caractérise l'analyste [20], quand il ne se réfugie pas derrière la visée thérapeutique ?

Ce discours quatrième, le discours psychanalytique, n'est à l'opposé d'un discours du maître quel qu'il soit, qu'à laisser le sujet sur sa demande, et non à lui proposer la bonne réponse. L'analyste — c'est ce qu'on peut appeler le tact — n'a pas à transformer la « bienveillance » en soutien du moi, en s'identifiant à un « bon » surmoi, mais à « veiller bien » à accueillir le sujet inconscient, le sujet désirant, dissimulé, en tant qu'énonciateur, dans l'énoncé de la demande. Le discours analytique est celui qui invite le sujet à excéder par sa parole les discours constitutifs, institutionnels et quotidiens, au profit non pas d'un autre discours déjà articulé dont il s'agirait de reconnaître la validité, mais d'un discours qui, dans la cure même, reste virtuel.

Comment rencontrer le délinquant

Ce que je dis de l'analyste n'est pas sans intérêt pour d'autres praticiens chargés d'intervenir avec des adolescents, même si leur visée est différente.

Ainsi, les agents des diverses instances qui ont à faire avec les adolescents, en particulier avec les jeunes délinquants, devraient éviter de laisser se constituer, face au discours de la loi, un autre discours, « rééducatif » par exemple, qui assujettit tout autant le sujet. Que l'adolescent puisse être assuré que ce qu'il dit à l'un ou à l'autre ne sert pas à alimenter un discours sur lui, c'est le minimum ; au mieux, il faudrait que les diverses interventions, thérapeutique, éducative, pédagogique, sociale, répressive, etc., soient totalement dissociées les unes des autres et que le sujet garde la faculté de circuler entre ces différents discours, au risque, certes, que parfois à son tour il en joue.

D'autre part, c'est à mesurer d'abord nos impuissances comme nos impossibilités — par exemple de lui permettre « le bonheur » — que nous laissons quelque chance à l'adolescent délinquant. Car seule une possibilité peut lui être ouverte : la possibilité de partager des aliénations banales et communes, non pas en accentuant le refoulement pour supprimer le symptôme, mais en usant ce symptôme dans l'invention possible d'un discours où son désir ne soit plus clos par des passages à l'acte, toujours décevants dans leurs effets, quand ils ne sont pas dramatiques.

Pour en revenir à la rencontre possible du jeune délinquant et de l'analyste, elle est exemplaire, me semble-t-il, quant à un abord analytique du processus de l'adolescence. C'est en effet à ce moment de crise, de bouleversement, mais aussi de critiques authentiques, que le sujet est le plus disponible [21], le plus accessible à un autre discours : un discours qui permette le démontage des discours quotidiens et aliénants. Cela suppose que l'interlocuteur accepte de se séparer de ses propres références ultimes, pour ne s'appuyer, dans la relation, que sur sa qualité d'autre semblable, confronté aux mêmes questions et incertitudes que l'adolescent. Ainsi pourrait être relancée la parole de l'adolescent et partagée une critique de l'objectivité et de la subjectivité, qui conduise le délinquant à trouver un peu de savoir sur sa propre nature de sujet désirant.

C'est la chance de quelques adolescents de pouvoir se risquer dans l'analyse, encore plus rarement de quelques jeunes délinquants. Certes, il n'est pas évident que tous accepteraient une telle rencontre. Mais il faudrait en tout cas qu'elle soit rendue possible, par les analystes entre autres ; et il n'est pas exclu que des lieux existent, hors la cure, où ce discours, sans être l'axe de la rencontre, soit du moins possible.

Il faudrait expliciter la spécificité de ce discours différent. J'apporterai, à l'occasion, quelques éléments complémentaires, mais cela déborde la question de l'adolescence [22], et surtout cela reste encore une tâche à réaliser par les analystes.

III. L'adolescent et la drogue

L'opium agrandit ce qui n'a pas de bornes
Allonge l'illimité
Approfondit le temps, creuse la volupté
Et de plaisirs noirs et mornes
Remplit l'âme au-delà de sa capacité [1].

Baudelaire

Les voyages forment la jeunesse, dit le discours courant.

Quand l'adolescent mesure que l'économie sociale n'autorise qu'une seule circulation, la circulation symbolique de l'argent et des marchandises, il tente encore de circuler réellement, par la fugue, en prenant la route ou par d'autres départs intempestifs, ou encore, plus simplement, par des préparatifs de voyage, en bande ou en auto-stop, que ces préparatifs soient effectifs ou qu'ils restent des rêves. Il arrive aussi qu'il se risque au « grand voyage » et qu'il se suicide.

Cette référence au voyage est à prendre au sérieux, d'autant que les adolescents se satisfont bien rarement de la fausse transgression que les adultes leur proposent comme ersatz : le tourisme pendant les vacances, histoire de faire un tour pour revenir à sa place.

Sur le tourisme, il y aurait sans doute beaucoup à dire. On pourrait montrer comment la revendication des vacances — vacance de quoi ? —, leur attente, animent le champ social ; ou encore étudier comme un matériel psychopathologique de la vie quotidienne le comportement du touriste, par exemple dans son rapport au familier et à l'étranger.

Les adolescents usent et abusent de la métaphore du voyage ; le mot est riche, en français, puisque, outre « la voie » qui fait son étymologie, il évoque phonétiquement le voir, voir ailleurs, voir autre chose. C'est de ce côté qu'il convient d'expliquer d'abord la toxicomanie de l'adolescent, qu'elle consiste dans des essais sans suite, ou qu'elle engage le sujet dans la dépendance.

Quand on interroge des toxicomanes [2] sur leurs motivations du début, une large majorité répond « par curiosité » ; la seconde motivation, « la recherche d'évasion », devenant plus tard la principale, outre, bien sûr, « l'état de besoin » qui se développe.

Comme la délinquance, à laquelle elle est souvent associée, la toxicomanie est justifiée par l'adolescent au nom d'un refus de la situation qui lui est faite, comme mode d'évasion d'un monde clos ; la drogue, imaginairement, est l'équivalent de ces moyens de transport qui font l'objet principal des vols d'adolescents.

Il y a quelque vérité humoristique dans l'idée d'une « pathologie des grands ensembles » ; toute une partie de la pathologie spécifique à l'adolescence se conçoit comme une tentative de sortir de l'ensemble, au sens quasi mathématique du terme.

Le toxique a pu être conçu comme un objet qui excéderait l'espace quotidien, cause d'une angoisse : c'est pourquoi on a pu rapprocher les toxicomanies des comportements phobiques, la drogue étant alors considérée comme un objet contraphobique. Hypothèse intéressante, quoiqu'il faille se garder d'un diagnostic trop rapide quant à la structure du sujet qui s'engage dans une telle conduite.

Baudelaire, amateur de haschish et d'opium, insiste sur la transformation de l'espace quotidien, l'invention d'un autre lieu, d'un « paradis artificiel » — lui qui évoquait « les verts paradis des amours enfantines ». Et la principale résistance aux tentatives thérapeutiques sera l'évocation de cet autre monde dont il n'y a pas trace dans la réalité. A l'inverse, est particulièrement perspicace l'idée, rarement mise en œuvre faute de moyens sans doute, d'effectuer des cures de désintoxication sur un bateau de croisière, l'éloignement prôné pour un sevrage acquérant ainsi un sens positif : le voyage.

1. L'expérience toxicomaniaque

Le jeu et l'objet

Dans un chapitre de *Jeu et Réalité* [3], Winnicott cite Tagore en exergue : « Sur le rivage sans fin, des enfants jouent. » Et il commente ainsi ce texte : « L'image de Tagore m'a toujours intrigué. Adolescent, je n'avais aucune idée de ce qu'elle pouvait bien signifier, mais elle a trouvé une place en moi et son empreinte ne s'est pas effacée. » Il raconte ensuite comment la référence freudienne lui fournit un savoir, qu'il tourne en dérision : « La mer et le rivage représentaient un coït sans fin entre l'homme et la femme (...). L'enfant étant né, le rivage est le corps de la mère. » Mais à s'apercevoir que le point de vue infantile devait être considéré en deçà de cette interprétation après coup, il conclut ainsi : « Je compris que le jeu ne relevait, en fait, ni de la réalité psychique intérieure, ni de la réalité extérieure », et pose la question : « Si le jeu n'est ni dedans, ni dehors, où est-il ? »

Pour Winnicott, le jeu de l'enfant est un exercice de transition entre l'intérieur et l'extérieur, l'invention d'un espace potentiel entre moi et non-moi, espace protégé qui, plus tard, soutiendra le champ culturel de l'adulte. Ainsi le jouet est l'objet qui produit et concrétise cet espace, dans la relation à la mère d'abord, puis à l'entourage. Le destin de cet objet est variable : être fétichisé, devenir phobogène, ou bien ouvrir, à travers sa représentation, impossible en définitive, au champ du symbolique.

Si l'on a pu avancer que l'objet toxique dérivait de cet objet transitionnel, c'est peut-être que le comportement toxicomane est directement associable aux jeux de l'enfant ; sur un mode ou sur un autre, le toxicomane resterait en arrêt devant cet objet transitionnel, alors idéalisé, et cela précisément quand l'espace se révèle infini, devenant ainsi un objet spécifique (distinct de l'objet fétiche comme de l'objet phobique).

L'effet de la drogue

L'effet recherché est l'invention d'un champ spatio-temporel autre que la réalité socialement organisée, et intermédiaire entre l'intérieur et l'extérieur ; la drogue fait office d'objet de transition. D'ailleurs, dans le discours des toxicomanes, les débuts sont souvent évoqués comme du registre du jeu. En fait, l'usage des drogues se situe entre l'activité ludique de l'enfant et les activités de sublimation socialisées : l'art, la religion, les processus intellectuels. Du côté de l'art, l'une des justifications de la toxicomanie est l'accroissement de la créativité ; on sait que les milieux dits artistiques et, aujourd'hui, ceux du show-business sont parmi les premiers concernés par le problème. Du côté de la religion, le secret et le sacré, la référence à un chemin initiatique, à un rituel, voire à l'idée d'une communion, sont classiquement mis en avant par les toxicomanes. Du côté des activités intellectuelles, on se souvient de la grande vogue du maxiton et des autres amphétamines, et l'on connaît la recrudescence actuelle de la cocaïne, à laquelle on attribue la vertu d'accroître les capacités mnésiques et intellectuelles.

Les diverses drogues accentueraient des processus de sublimation socialement valorisés, dans la mesure même où le sujet, mal soutenu psychiquement par ses idéaux, a besoin d'une objectivation physiologique, d'un étayage réel de ses aptitudes à l'imaginaire.

Ainsi la sublimation est tirée, comme dans certains jeux de l'enfant, vers l'imitation plus que vers l'abstraction, imitation qui économiserait le difficile travail de la représentation ; les expériences sensori-motrices seraient alors supposées soutenir immédiatement l'activité opératoire et formelle.

Qu'une excitation physiologique soit sollicitée, que le corps ait à être au service des activités de sublimation, expliquent cette fréquente théâtralisation, chez le toxicomane, qui n'est pas sans évoquer, à la fois, les états maniaques et l'hystérie.

Jouer au docteur

Concevoir la toxicomanie, en particulier celle de l'adolescent, comme un prolongement des jeux de l'enfant, dans une proximité phénoménologique avec l'hystérie, va de pair avec ce qu'on peut observer du rapport particulier du toxicomane à la médecine. D'abord, il y a une suite logique entre le « jouer au docteur et à l'infirmière » de l'enfant, un jeu dont on connaît la dynamique de curiosité sexuelle, et les rituels pseudo-médicaux chez les toxicomanes, leurs parodies chirurgicales, avec ce sommet que constitue le *shoot*, l'injection intraveineuse.

Ensuite, on constatera la proximité des ultimes projets de thérapie de l'hystérie avant la psychanalyse, à savoir l'hypnose (et sa variante plus moderne, la narco-analyse), avec le développement de la toxicomanie. Sans dénier l'aspect polémique de ce que je dis, je remarquerai aussi que le toxicomane, comme l'hystérique, autorise, voire sollicite, des pratiques perverses dont il devient l'instrument. C'est un des problèmes soulevés par toute intervention thérapeutique : on a coutume de dire qu'il faut au toxicomane, comme à l'hystérique, un maître, un maître à l'esclave qu'il est, et l'on sait la prolifération des sectes reconverties, autour d'un gourou nouveau style, dans la rééducation des toxicomanes.

Enfin, il n'est pas insignifiant que la distinction traditionnelle entre drogues « douces » et drogues « dures », entre, d'une part, les dérivés du cannabis et, d'autre part, les opiacés et la cocaïne, recoupe celle entre des produits non pharmaceutiques (le cannabis serait à ranger du côté du tabac et de l'alcool) et des produits qui ont aussi un usage thérapeutique, au sens large, puisque essentiellement anesthésiant. En outre, la plupart des nouvelles drogues des années soixante (LSD, amphétamines, barbituriques, etc.) sont tirées de la pharmacopée ou ont été découvertes dans ce champ. Certes, il y a l'usage récent du trichloréthylène ; mais, d'une part, il ne détermine aucune pharmaco-dépendance, laquelle définit la toxicomanie vraie, et ses risques sont immédiats ; d'autre part, il est d'usage plutôt infantile que juvénile, d'où par ailleurs sa gravité.

Rappelons enfin que certains toxicomanes, en état de manque ou déjà engagés dans une polytoxicomanie, s'orientent vers des cocktails plus ou moins arbitraires de médicaments, allant parfois jusqu'à piller des pharmacies ; et que périodiquement courent, en particulier dans les milieux médicaux, des rumeurs concernant l'effet euphorisant, hallucinogène, dynamique ou aphrodisiaque, de tel ou tel produit pharmaceutique.

Ce rapport perverti à la médecine est à souligner parce qu'il est facile, pour un médecin prescripteur, de glisser vers une position de complice « involontaire » ; mais aussi parce que, outre des montages thérapeutiques plus ou moins pervers [4], tout praticien peut être conduit à une position de maîtrise dans la rencontre avec le toxicomane ; sans parler des pharmaco-dépendances consécutives à une chimiothérapie ou à l'usage médical de la morphine et de la cocaïne (ainsi dans les conflits militaires).

L'espace et le temps dans l'usage de la drogue

Pour analyser la spatio-temporalité en jeu dans les engagements toxicomaniaques, il faut d'abord rappeler les différents effets recherchés dans l'usage des drogues ; j'en mentionnerai quatre : l'effet « planant », l'effet « trip », l'effet « flash » et l'effet « speed » ; chacun de ces effets, lié à un toxique ou à une série de toxiques, détermine une certaine transformation du champ perceptif et sensori-moteur, que ces effets soient isolés, associés ou successifs :

L'effet « planant » prévaut dans l'usage des dérivés du cannabis (même si, absorbés ou à fortes doses, ils peuvent provoquer de véritables hallucinations) et de l'opium à faible dose et par inhalation ; cet effet est celui d'un filtre atténuant les sensations désagréables, accentuant certaines perceptions, provoquant un ralentissement à la fois ressenti et manifesté dans la motricité. A l'extrême, ce vécu est proche de certaines bouffées délirantes ; on peut, en particulier, y trouver le thème des modifications corporelles, associé, en cas d'effets négatifs, à un syndrome de dysmorphophobie, fréquent durant l'adolescence.

L'effet « trip » est caractéristique des hallucinogènes, et spécialement du LSD, qui provoque une psychose expérimentale (il a été découvert dans le cadre de recherches sur la schizophrénie). Il ne s'agit pas alors de modifications du type « filtre », mais bien de la production d'une autre logique spatio-temporelle, telle que l'organisation moïque peut être bousculée jusqu'à une perte quasi totale de la réalité : on connaît l'exemple classique de l'homme qui, obéissant à une injonction venue il ne sait d'où, ouvre la fenêtre pour sortir dans la rue qu'il perçoit à sa hauteur et fait une chute mortelle. Pendant les années soixante, aux États-Unis, toute une littérature insistait sur ce caractère de voyage initiatique, le revers étant le « bad trip », le mauvais voyage, c'est-à-dire la production d'une extrême anxiété, de type paranoïde.

L'effet « flash », c'est l'effet recherché par les héroïnomanes au-delà de l'effet « planant », qui est aussi produit par l'héroïne. Déclenché quasi immédiatement par injection — parfois, après un certain laps de temps, par absorption —, il se manifeste comme une explosion orgastique. La dimension temporelle est totalement perturbée par la combinaison d'un vertige et d'une accélération. D'où alors une forte tachycardie ; les endocardites fréquentes chez les toxicomanes peuvent en être la conséquence.

L'effet « speed » est principalement obtenu par l'usage des amphétamines, mais aussi parfois de la cocaïne. L'injection d'amphétamines déclenche aussi un effet « flash », mais l'effet « speed » semble davantage recherché. C'est une accélération, non de la perception, mais des processus intellectuels, et une précipitation des capacités mnésiques. L'absorption massive d'amphétamines — qui sont aussi utilisées médicalement comme coupe-faim — déclenche un état de veille prolongé, une concentration de la pensée sur des thèmes qui deviennent compulsifs, parfois même persécutifs ; le contre-effet étant, à terme, un monoïdéisme d'allure paranoïaque et une immense fatigue, voire une dépression de type mélancolique. L'inhalation de cocaïne — dont on se souvient que Freud fut un temps partisan

— provoque les mêmes effets de concentration de la pensée, d'accent porté sur les activités intellectuelles, mais l'effet d'accélération se combine à une certaine anesthésie, pouvant aller parfois jusqu'à un sentiment de déréalisation corporelle.

Ces quatre effets ont pour point commun la transformation du temps et de l'espace quotidiens, et la production d'un autre temps et d'un autre espace, phénoménologiquement proches des modes de perception psychotiques.

Comme dans certains livres de science-fiction, dont on connaît le succès chez les adolescents, ce sont les formes *a priori* de la conscience, telles que les définit Kant, qui sont bouleversées. Comme si — c'est une image souvent donnée par les toxicomanes — les drogues donnaient accès à une quatrième dimension.

Chez l'adolescent, cette rencontre, passagère ou durable, avec l'expérience de « la Drogue » est contemporaine de la perception de l'infini : d'un infini spatial, non dénombrable mais réel — ce même infini dont Pascal souligne l'aspect effrayant — ; d'un infini temporel, correspondant, dans l'effacement de la primauté des parents, à la chaîne des générations, mesurée dans un temps « immémorial » qui n'est que symboliquement ponctué par la transmission.

En fait, la normalité — normalité névrotique — est caractérisée par un arrêt marqué dans la fuite infinie de l'espace et du temps. Ainsi, quand nous regardons le ciel, nous ne percevons, sauf « effort de la pensée », que ce qui fait limite, les nuages, les étoiles, ce qui jalonne l'infini et réduit son incommensurabilité du fait de la possibilité supposée de le calculer. De même, en deçà de la querelle entre créationnistes et évolutionnistes (l'homme créé par Dieu ou descendant d'un ancêtre animal), nous sommes ancrés à un « commencement » symbolique, ce commencement désigné par Lacan comme Nom-du-Père, qu'il soit soutenu, imaginairement, par la religion ou par la science.

Le signifiant, le signifiant phallique — tel que son inscription insiste en nous durant l'enfance comme organisant le rapport au monde parental, puis à l'adolescence du fait de la puberté — limite notre savoir et oriente notre perception, constituant le point de fuite d'un monde où la génitalité est ce qui donnerait sens à notre existence. C'est tout l'enjeu des processus d'identification. Ce signifiant, et l'orientation du monde qui en dépend pour l'enfant puis pour l'adulte (non psychotiques), est fondamentalement contesté par l'adolescent.

L'adolescence est l'âge des expériences, au sens fort : tenter, expérimentalement, de reconstruire un monde dont la logique est mise en cause. Mais il est vrai que certaines expériences sont plus périlleuses que d'autres.

Le groupe et la solitude

Pour en rester à un abord descriptif de l'expérience toxicomaniaque, il faut aussi souligner la dialectique alors à l'œuvre entre l'effet de groupe et la solitude.

En effet, d'un côté, les premières expériences de drogue, en particulier de cannabis, sont, la plupart du temps, vécues dans l'insertion à un groupe ; des effets de mode, de réassurance collective, d'intégration de type initiatique sont en jeu ; mais d'un autre côté, surtout dans les cas de toxicomanie vraie, c'est-à-dire chronique, et spécialement avec l'héroïne, l'expérience est, chaque fois, essentiellement solitaire, une régression vers un investissement narcissique et un désinvestissement objectal.

Plutôt qu'une évolution, certes repérable mais non restrictive — la polytoxicomanie va de pair avec cette dualité —, on retrouve là une des contradictions princeps de la crise juvénile : le sujet cherche dans le groupe de sa génération, le groupe des « frères », un statut social que ne lui procure pas la société ; mais, d'un autre côté, il tente d'affirmer son individualité, son « originellité » ; pour cela, il s'isole, sur un mode dépressif ou provocateur, se retranche tout autant du groupe fraternel que du groupe familial hiérarchisé.

Parfois, l'adolescent s'engage exclusivement sur l'une de ces voies, mais, le plus souvent, cette alternative se présente à lui comme un conflit, et il oscille entre les deux positions, les poussant l'une et l'autre à l'extrême, sans y trouver satisfaction.

Il ne saurait être question, là encore, de résoudre cette contradiction constitutionnelle du « parlêtre » sexué, de l'humain en tant que parlant et sexué, mais d'en mesurer les implications, en particulier pour le toxicomane. D'autant que, dans l'abord thérapeutique, la question institutionnelle se pose ; on connaît les tentatives, du côté des sectes religieuses ou des aumôniers militaires reconvertis, pour prendre des exemples caricaturaux, d'insertion dans un groupe lié idéologiquement, à la fois hiérarchisé et marginalisé par rapport à la société. On se souvient aussi comment la toxicomanie, souvent légère d'ailleurs, était associée au phénomène post-soixante-huitard des « communes », avec un discours militant ou néo-mystique.

Il y a déjà là toute la problématique de la rencontre possible avec des adolescents ou de jeunes adultes encore pris dans cette crise. Dans une relation duelle, ce conflit est d'abord à respecter, puisque, après tout, la pathologie en question ressemble à ce que nous avons repéré dans la pathologie quotidienne, la pathologie du « normal », avec la prétendue complémentarité du privé et du public.

C'est dans un second temps seulement, suivant la ligne de cette divergence entre l'individuation et la socialisation, que peuvent être disjoints les deux statuts possibles des drogues : d'une part, la drogue fait fonction de signifiant, de mot de passe, et tout un vocabulaire, un jargon fonctionne là, une langue d'initiés qui autorise un certain lien social. D'autre part, la drogue est un objet qui insiste comme tel à donner un sens au manque-à-être du sujet quelconque : le toxicomane est celui qui connaît l'objet de son état de manque. C'est de ce côté, quand le sujet est engagé dans un tel rapport au toxique, qu'est la vraie toxicomanie.

Il y a donc un écart, irréductible, entre le signifiant maître qui soutient l'existence du sujet comme sexué, et l'objet par quoi insiste ce qui manque et qui se concrétisera partiellement en telle ou telle chose ou telle ou telle personne. Cet écart, qui tourmente n'importe qui, mais plus encore l'adolescent, est nodal pour l'abord de la toxicomanie. En effet, ce qui est proposé comme réussite génitale est l'adéquation, qui apparaît être toujours relative et fragile, entre ce signifiant et cet objet ; ainsi se concilieraient l'amour et le désir, la jouissance et le plaisir, le bonheur et les satisfactions répétitives ; alors que l'expérience montre, à l'adolescence, le conflit de ces deux termes, de ce qui nous fait parler et de ce qui nous fait désirer. La difficulté principale avec le toxicomane n'est pas ce qu'il ignore, mais bien qu'il sache cet écart, et l'ait résolu sur un mode catastrophique, la drogue devenant à la fois signifiant maître et objet primordial.

2. Histoires d'adolescents

Si j'ai placé l'accent sur la description, en mettant en valeur la dimension de jeu, les phénomènes spatio-temporels et enfin le rapport entre le relationnel et le repliement, c'est pour deux raisons : d'abord parce que le symptôme toxicomaniaque me semble, sur tous ces points, renvoyer directement à la problématique de n'importe quel sujet quand il est pris dans le bouleversement de l'adolescence ; ensuite parce que « la toxicomanie », pour autant qu'on puisse la définir, ne m'apparaît pas être pathognomonique d'une structure, mais emprunter à divers modes de défense ou d'organisation, hiérarchisés différemment pour chaque individu.

On ne peut donc que partiellement, superficiellement, parler d'une clinique de la toxicomanie, sauf en l'intégrant à une clinique de l'adolescence. C'est pourquoi, pour ma part, malgré la lourdeur inévitable de la prise en charge de sujets pris dans un tel enchaînement, je donnerais ma préférence à des lieux où la toxicomanie n'est pas le critère de soin, mais où c'est la problématique de l'adolescence, en ses diverses manifestations pathologiques, qui est abordée. Il s'agirait dès lors de répondre, du côté thérapeutique, aux rencontres existant, du côté pathologique, entre des adolescents engagés dans des voies différentes. Ainsi, au forum des Halles, à Paris, se côtoient des adolescents délinquants, toxicomanes, fugueurs, et d'autres non pris ou moins pris dans des processus pathologiques ; ce phénomène attend sa réponse.

J'évoquerai deux rencontres très différentes, sans présenter l'ensemble des enjeux de ces deux itinéraires, mais en illustrant la question de la toxicomanie dans son rapport au processus d'adolescence.

Angelo et le mauvais voyage

Cette remarque concerne en particulier Angelo, que j'ai rencontré en deux temps. La première fois, pendant une période très critique. Puis, deux ans plus tard, quand, ayant adopté un mode de vie bien différent, il vint formuler une demande d'analyse et commencer une cure sur laquelle je ne dirai rien, hormis ce qu'il a évoqué de la première période, et que je modifie le moins possible.

Angelo est d'origine italienne ; il a dix-huit ans quand il vient me voir pour la première fois. Deux ans plus tôt, il a rejoint en France son frère aîné, dans l'une des rares « communautés » survivant dans les Cévennes, puis s'est installé dans la périphérie de Montpellier, dans un « collectif » de sept ou huit personnes pour lesquelles la cohabitation était d'abord un mode de logement plus économique.

Tout le monde fumait un peu d'« herbe », mais personne n'était vraiment engagé dans la toxicomanie. Puis, un jour, l'occasion s'est présentée de tâter des « acides » (du type LSD) ; et voilà qu'Angelo s'est vite retrouvé dans une certaine dépendance psychologique, même si, dans ce cas, il n'y a pas de dépendance physiologique.

Il est venu me voir à la suite d'un « bad trip », d'un mauvais voyage, survenu environ six ou sept semaines plus tôt, et prolongé par des effets de « flash back » — les mêmes impressions se répétant, même sans absorption de toxique, que ce soit sous la forme de « faux souvenirs » ou sous une forme plus « active ». Il s'agissait de dysmorphophobie : il avait l'impression d'une diminution de ses organes sexuels avec, à ces moments, une certaine paresthésie des extrémités des membres. Ces impressions, associées à un délire, persistaient une heure ou plus, parfois beaucoup moins, « quelques secondes », et disparaissaient.

Depuis ce « bad trip », il avait continué à prendre du LSD, dans l'espoir — au nom d'une homéopathie naïve — que ces effets s'arrêtent, ou qu'un « good trip » contrecarre ces impressions négatives, mais ce n'avait pas été le cas, sinon très passagèrement, quelques jours.

Un médecin lui avait prescrit des neuroleptiques et conseillé d'aller « voir un psy » *(sic !)*. Il arriva, accompagné d'un ami, dans un état de panique très inquiétant. Durant cette période, je l'ai vu deux ou trois fois par semaine, durant quatre ou cinq mois.

Son état évoquait immédiatement une bouffée délirante, ou, plutôt, une suite de bouffées délirantes — les moments de « flash back » — entrecoupées de longues périodes de lucidité. Il en parlait comme de moments de folie, alors que, cela se confirma à la seconde époque de nos rencontres, il était d'une structure nettement névrotique. Mais pour l'heure il avait peur de devenir fou. La condition posée à nos rencontres était qu'il cesse toute consommation de LSD. Il faut dire que les neuroleptiques et tranquillisants eurent un rôle assez proche, et il fallut toute l'attention du médecin pour en faire décroître les doses, puis les supprimer.

Je ne pense pas que cette règle d'abstinence doive toujours être posée dès le début d'une cure de toxicomane ; au contraire, elle peut ne l'être qu'au détour d'une interprétation. Il va de soi que doivent être disjointes l'éventuelle cure analytique, autonome quant au symptôme, et la cure de sevrage et de désintoxication. C'est plutôt au terme d'une période d'évaluation réciproque de l'éventuel analysant et de l'analyste que peut être posé l'arrêt de l'usage de drogue — accompagné d'un sevrage — comme condition d'un travail analytique [5].

En l'occurrence, comme il n'y avait pas lieu de penser à une cure de désintoxication, et que le symptôme était dit du côté des effets et non de la consommation elle-même, il était possible de formuler d'entrée cette règle d'abstinence ; d'autre part, poser cette condition me semblait un moyen de réduire provisoirement l'angoisse en attribuant une cause immédiate aux crises.

Par le biais d'un des personnages familiaux, une figure mythique avait pour Angelo un poids tel qu'il en parla tout de suite : saint François d'Assise. « Quand je prends des acides ("acide" et "assise" ont une certaine consonance, bien sûr), je me promène dans la campagne et j'ai l'impression d'une communion avec les plantes ; ce jour-là (le jour du "bad trip"), j'ai eu l'impression que la nature était hostile. »

Il y a, de fait, un étroit rapport entre l'expérience mystique — que l'on pense aux voyages, à l'errance de saint François — et celle des hallucinogènes. On peut penser encore d'une autre façon au mot « assise » : mais Angelo était italien, et le mot ne semblait pas pour lui associé à ce qui résonne en français, de la position assise ou d'avoir ses assises.

Pour Angelo, issu d'un milieu catholique très traditionnel qu'il avait quitté avec celui de ses frères qu'il avait suivi en France, il y avait un rapport étroit, d'une part, entre l'hostie et la pilule ou le buvard de LSD, d'autre part, entre le vécu de ses expériences et le vécu religieux qu'il avait abandonné, mais après ce qu'il nommait lui-même une « crise mystique » vers quatorze ou quinze ans.

Enfin, je lui ai donné ce nom d'emprunt parce que, sur le mode de la dérision, il était sensible à la question des anges ; d'autant que, dans sa famille, nombreuse, deux enfants étaient morts avant sa naissance.

Il associa le « bad trip », au bout d'un certain temps, avec la rencontre sexuelle d'une jeune fille extérieure au groupe et avec laquelle il eut d'ailleurs une assez longue histoire. Ce n'était pas sa première relation sexuelle, mais la première vraiment satisfaisante. Le « bad trip » survint deux jours après cette rencontre. « Comme si », dit-il, « ça ne marchait pas ».

S'est jouée là, pour lui, la difficulté de choisir entre deux types de jouissance qui, pour l'homme, s'avèrent incompatibles : ou bien la jouissance phallique, qui est organisée par la génitalité, suit les voies du désir et met l'autre en position d'objet ; ou bien cette jouissance idéale et archaïque, celle qui est évoquée comme « moment parfait » dans *La Nausée* de J.-P. Sartre, où, comme avec la Mère primordiale, le sujet renonce à l'avoir au profit d'un état d'abandon. Alors que, chez la femme, ces deux jouissances entretiennent un rapport dialectique, l'une contre l'autre ou l'une au-delà de l'autre, chez l'homme, l'activité sexuelle, déjà, exige le renoncement à la jouissance autre que phallique. De par sa rencontre avec la jeune fille, il fallait à Angelo renoncer à cette jouissance autre, ou, au mieux, lui laisser cette place, sublimée, qu'elle peut avoir par exemple dans la jouissance esthétique. Il lui fallait renoncer à la folie, car si le psychotique sauve cette jouissance autre, jouissance de l'Autre, jouissance préhistorique, le névrosé doit marquer l'abandon de cette jouissance idéale, dès son entrée dans la génitalité adulte, jouissance idéale dont il ne reste trace que dans le symptôme.

L'expérience toxicomaniaque, en tant que psychose expérimentale, est à concevoir de ce côté-là comme une insistance narcissique, une persistance de l'auto-érotisme non phallicisé, celui-là même qui peut être symbolisé dans la religion par la figure de l'ange. Si l'adolescence est l'âge où, du fait des transformations du corps, le narcissisme secondaire, élaboration moïque étayée sur une image du corps déjà constituée, est actif et agit, cela peut aller jusqu'à bousculer les effets constructifs du narcissisme primaire, c'est-à-dire la production même du corps comme image de l'existence du sujet. Point extrême où l'adolescent peut engager ses essais.

Il y a coïncidence entre le déclin des religions et le développement des toxicomanies — ce à quoi, d'ailleurs, certains répondent en justifiant une pratique qui renverserait le processus sans le déconstruire. La formule est on ne peut plus juste : « La religion, c'est l'opium du peuple », et l'on pourrait ajouter : « L'opium, c'est la religion du mécréant » ; une religion tirée, non du côté du Père, du Nom-du-Père, mais du côté de la Mère, de la Mère-Nature.

De fait, ce qui permit à Angelo de renoncer à ces expériences et à leur satisfaction, ce fut, parallèlement à l'accès à une vie sexuelle et amoureuse avec ses vicissitudes, la disjonction entre la drogue comme signifiant et la drogue comme objet. Le toxique n'était pas vécu par lui comme l'objet comblant son manque, celui qu'appelle le toxicomane en « état de manque » ; il était plutôt vécu comme un instrument, un outil qui, par le biais des hallucinations produites, aurait à réparer ce qui montre les défauts de toute image de l'Autre.

C'est ce statut ambivalent de la « drogue », objet et instrument, instrument de même poids que le signifiant, et tiré de ce côté dans le vocabulaire même, qui fait limite entre l'expérience toxicomaniaque et le vécu psychotique. Alors que le psychotique ou bien est rejeté lui-même comme objet, ou bien se fait instrument, le toxicomane peut réussir à la fois un refoulement et une projection, puisqu'il peut, dans l'accusation ou la revendication, faire porter sur l'objet drogue le sens de ses états, en laissant dans l'oubli le manque-à-être qui l'a porté vers cet usage.

Cela ne signifie pas qu'il n'y ait pas de psychotique toxicomane, mais que, à l'inverse du délire et dans le même but, l'engagement toxicomaniaque est alors aussi une tentative d'autoguérison. Et l'on peut même rencontrer, parfois, dans le discours de certains sur les médications qu'ils suivent, des échos du discours des toxicomanes.

Sans préjuger de la structure du sujet, la toxicomanie est plutôt à concevoir comme une pratique perverse : d'un côté, de par l'usage instrumental qui est en jeu, dans les rapports aux autres, par exemple, qui s'instaurent autour de la distribution et de la consommation ; de l'autre, de par la conception de la nature qui y est associée et par la marginalisation conçue comme une contre-culture, voire même une contre-société.

En deçà d'un diagnostic, possible mais rare, de structure perverse, la toxicomanie, comme expérience de l'adolescent confronté avec le primat phallique, n'est que l'un entre autres des essais du sujet de « faire avec » le double constat du privilège social du rapport sexuel et de son ratage nécessaire ; un essai comme l'est aussi le flirt.

Pour reprendre une expression qui me semble juste, je dirai qu'Angelo a flirté avec la drogue.

Alice ou les jeux interdits

Tout autre était la problématique d'Alice, âgée de seize ans ; marquée par les stigmates des héroïnomanes, elle était engagée, depuis quelque temps déjà, quand je la reçus, dans des passages à l'acte délinquants.

Dès le départ, elle ne vient me voir que sur l'insistance de ses parents, dans l'attente d'une cure de désintoxication devant avoir lieu dans la région parisienne et qui n'aura guère qu'un résultat très provisoire. Alice a, depuis un an, désinvesti tout travail scolaire ; issue d'un milieu aisé, fille unique, elle « traîne » avec quelques jeunes « junkies » dont un avec qui elle a une relation plus étroite, quoique, dit-elle, « baiser, ça ne m'intéresse pas ». Je ne pus la recevoir que quatre fois, mais chaque fois assez longuement.

De nos quelques rencontres, je relèverai d'abord ce qui, dans le discours même d'Alice, va dans le sens de la pratique toxicomaniaque considérée comme un prolongement du jeu.

Elle cachait, chez elle, la « dope » et des seringues dans un de ces animaux en peluche dont la légitimité pour l'adulte est qu'il aurait un usage utilitaire, celui d'un cache-pyjama. Elle citait les différentes cachettes possibles comme un enfant qui jouerait à cache-tampon, détournant n'importe quel objet pour en faire le contenant de cet objet-là, privilégié et secret. Cela renvoie au détournement de l'enfant à qui on offre un jouet et qui s'amuse avec la boîte.

De même, elle considérait le rapport à la loi comme un jeu où la tromperie et le secret ne sont pas simplement des moyens de sauvegarde, mais constituent l'intérêt même du jeu. Elle doublait l'organisation socialisée du monde par une conception ludique, laissant voir chez elle, tout autant qu'une satisfaction infantile, une dérision dépressive.

Elle témoignait, et cela consciemment, d'une nostalgie de l'omnipotence enfantine dans le jeu. Sans basculer dans la paranoïa, elle soutenait ce qu'on pourrait appeler une position sensualiste du genre : la réalité n'existe que par ce que je perçois par les sens ; si je modifie ces perceptions, je change la réalité. Elle pouvait ainsi prêter aux objets de mon bureau, en particulier tout ce qui pouvait faire contenant, une fonction, une valeur ou une qualité originales.

La conjugaison de cette « passion du rangement » et de cette liberté infantile retrouvée, qui signe les états maniaques, constituait à la fois pour elle le prolongement de l'enfance, une enfance qu'elle déclarait heureuse, et une défense contre une position dépressive. Mais, loin de l'efficacité qu'aurait une telle défense chez un psychotique, elle pouvait, immédiatement, sans même une intervention de ma part, en mesurer le caractère dérisoire.

Avant de se faire sujet de la tromperie, elle estimait en avoir été l'objet. Ainsi expliquait-elle l'itinéraire qui l'avait menée à la dépendance toxicomaniaque.

D'un côté, elle dira combien elle a été déçue de « devenir grande ». Alors que sa mère lui avait par avance présenté la puberté comme un épanouissement, elle avait été « dégoûtée » — elle prononce ce mot après quelque hésitation ou réflexion — par l'apparition de ses règles ; elle avouait préférer les relations qu'elle avait, enfant, avec les garçons, à celles qui lui devenaient possibles : « Quand j'avais treize ans, toutes les filles s'intéressaient aux garçons, mais pas moi. Je connaissais des garçons, mais pas pour les draguer ; je faisais partie de la bande. » Elle manifeste ainsi quant à la génitalité promise à l'enfant et relancée lors de la puberté, non pas une répugnance, ce qui l'engagerait alors nettement du côté de l'hystérie, mais un détachement. Il n'y a pas là de quoi, pour elle, lâcher les satisfactions infantiles. Elle évoquera, sans trop s'y attarder, un bref épisode anorexique puis boulimique, avant son engagement dans la toxicomanie.

De l'autre côté, les diverses drogues — haschish puis très rapidement héroïne — se situaient, pour elle, dans la continuité des sorties en bande et surtout du cinéma, qu'elle fréquentait assidûment au début de son adolescence. J'ai fréquemment entendu ce parallèle ; je pense qu'il est lié bien sûr au cinéma comme déploiement imaginaire, mais aussi comme cérémonial : la séance a lieu dans le noir — et l'on sait comment est évoqué l'effet d'endormissement de l'héroïne —, le spectateur est à la fois mêlé à une foule et solitaire, etc.

De même, à propos de ses premières expériences de toxiques surtout, elle insistait sur l'impression d'être « pénétrée par la musique » ; elle accédait certes alors à une jouissance particulière, qu'elle désignait avec justesse comme jouissance esthétique, mais en ajoutant que s'y mêlait un rien de « nostalgie ».

Ce que je connote ici du terme de maniaque, mais plus comme une analogie que comme un diagnostic, s'appuyait sur une position dépressive qu'elle mesurait lucidement.

Depuis quelques mois, elle était devenue dépendante. Outre les manifestations d'un état de manque, elle vivait des moments franchement dépressifs ; elle se demandait si ces états étaient consécutifs à la drogue, comme on le lui avait dit à plusieurs reprises, ou bien au constat que, pour la citer, « la vie, c'est con ».

Cette formule, elle l'explicitait doublement : en accusation contre le monde, les adultes, « la société », qualifiés de trompeurs, mais aussi en autodévalorisation. Et cela, en maintenant ouverte sa question : « Est-ce que j'en suis là parce que je me drogue ou est-ce que je me drogue parce que j'en suis là ? »

De fait, l'adolescence est une période où les manifestations dépressives sont fréquentes, de par le travail de deuil à effectuer à la fois sur les imagos et les objets infantiles et sur les incarnations parentales de l'Autre ; ainsi l'engagement amoureux peut être l'essai de surmonter cette dépression, ou, du moins, de lui donner un sens (le chagrin d'amour).

Pour Alice, certes, la toxicomanie donnait un sens à sa dépression, mais elle en était à penser que les drogues n'étaient d'aucun usage pour la surmonter ; son symptôme ne pouvait pour elle tenir lieu de signe imaginaire d'une maturité. Elle mettait en avant son « malheur », l'associant à un « mal tombé » — c'est au moment où le couple parental envisageait de se séparer qu'elle fut conçue. Et il est vrai que ses parents compatissaient dans ce malheur, ce malheur du monde : son père, asthmatique, passait de traitements en traitements, inefficaces — Alice mit en parallèle les crises de son père et ce qu'elle vivait sous la drogue — ; sa mère supportait mal de vieillir et en appelait à la chirurgie esthétique. « Plutôt mourir qu'être malade », lançait parfois le père, « plutôt mourir que vieillir », sous-entendait la mère, « plutôt morte que droguée », apprit Alice, quand les cures de désintoxication échouèrent.

Cette dépression, dont Alice tira bien plus tard les conséquences, jusqu'au suicide, est, paradoxalement, le point d'appui possible d'un travail analytique. Ce n'est pas parce qu'« il n'y a pas de drogué heureux » [6] que les non-drogués le sont. Il ne s'agit pas de « rendre » le bonheur qu'il aurait perdu à un drogué par d'autres moyens que la drogue — tel était le discours adressé par certains aux parents d'Alice, et qu'ils reprenaient —, mais d'accompagner la dépression, d'en reconnaître la vérité pour permettre au sujet un travail de deuil.

Certes, ce parti pris, qui semble pessimiste, est pour le moins difficile à adopter dans une institution de soins, peu compatible avec ce qui en fait la logique, sauf à tenter de substituer à la drogue un autre palliatif à la dépression. Mais cela parfois mène au pire, souvent reste inefficace, et, en tout cas, d'un point de vue psychanalytique, n'est qu'un déplacement du symptôme. Si l'arrêt de la pratique toxicomaniaque est l'effet, non pas d'une reconnaissance et d'une analyse de la dépression initiale, mais d'un forçage, par contrainte ou déplacement, il peut arriver que, plutôt que de « rechuter », un toxicomane « guéri » préfère se tuer.

Je n'ai pas à l'époque, et je ne peux que le regretter, osé contrer ces discours — celui de la famille et celui des médecins —, des discours auxquels, en définitive, Alice adhérait, plutôt que de faire face aux causes de sa dépression.

Ce qui est instructif, dans l'histoire d'Alice — et la brièveté de nos rencontres l'accentua —, c'est que l'objet drogue, que j'analyserai précisément un peu plus loin, avait une double fonction : d'une part, prolonger l'omnipotence de l'enfant dans la logique du jeu, consolider un imaginaire infantile en évitant le tranchant de la différence sexuelle, de la castration ; d'autre part, donner un objet-cause à la dépression, économiser le travail de deuil de l'adolescence, au bénéfice d'un deuil objectal sans cesse à faire et remis à plus tard.

On peut alors comprendre, en deçà d'un diagnostic de structure, les alternances apparemment maniaco-dépressives chez certains toxicomanes, pour autant qu'on suive Freud et Abraham dans leurs essais d'expliquer les états mélancoliques et maniaques [7].

L'erreur consiste ou bien à soutenir autrement la croyance en une omnipotence, étayage fragile et aliénant, ou bien à considérer que le deuil à faire ne serait que celui de la drogue. Autrement dit, en deçà d'une psychanalyse éventuelle, s'il y a matière à une thérapeutique, ce n'est pas de la toxicomanie en tant que telle.

3. L'objet drogue et l'adolescent

Le toxicomane et l'alcoolique

La question de la toxicomanie soulève les problèmes du statut de l'objet, de la valeur du signifiant et de la relation à l'Autre : dans cette symptomatologie en effet est produit un besoin nouveau, articulée une demande (que ce soit de toxique ou de traitement) et travesti un désir.

Sur ces questions s'impose le parallèle de l'alcoolisme et de la toxicomanie. Je proposerai quelques hypothèses en soulignant ce qui me semble, dans la clinique, telle que l'analyste peut la déployer (clinique du transfert, clinique de l'objet, clinique du signifiant), différencier ces deux conduites [8]. Car, pour ma part, alcoolisme et toxicomanie me semblent ressortir de deux logiques différentes.

Celui qui boit, c'est l'autre semblable — j'y mets un petit a — ; en l'accompagnant, je peux glisser sur la pente de l'alcoolisme. L'alcoolique est d'abord de bonne compagnie, puis, au bout d'un moment, un rien, un rien d'obscénité dénonce les enjeux de n'importe quel lien social : un geste, un mot de trop, un temps d'hésitation m'indique à moi, un peu moins imbibé, encore lucide ou presque, que notre complicité se heurte à un réel qui produit chez moi un affect : le dégoût.

Un peu plus tard, l'alcoolique m'apprend que marcher, c'est déambuler de lieux vides en lieux vides, vides de sujet, jusqu'à ce que la ville s'avère déserte, offerte à une ivresse sans dieu, à chercher des lieux qui ne sont plus que des mirages. La ville se ferme. Alors il y a parfois cette crise, une crise sentimentale, une crise cynique : nous sommes des chiens. Et je me sens un peu plus fort d'être légèrement moins ivre que lui, d'être son guide, malgré mon dégoût, parce qu'en lui je reconnais mon semblable.

Celui qui se drogue, c'est entre l'autre semblable et dieu, un héros ou une héroïne (!) de la pharmacie, qui va visiter seul des lieux pleins, pleins de monstres, pleins de l'Autre, et qui jouit, ou tente de jouir, d'une jouissance que je dirais esthétique — jouissance d'espace. Mais la jouissance esthétique hors l'art ou la féminité, c'est peut-être cela l'horreur, et tel est le premier sentiment que j'éprouve à l'égard du toxicomane, à l'inverse du dégoût que je peux ressentir avec l'alcoolique.

Il faut partir de là, des sentiments adressés à l'alcoolique et au toxicomane, en d'autres termes du transfert (pré-analytique) sur l'un et sur l'autre ; et cela plutôt que de s'intéresser à ce qui serait l'être de l'alcoolique ou du toxicomane, parce que, dirais-je, ils n'ont immédiatement d'être que d'une adresse à autrui, comme sujet possible de leur demande.

Pour cet abord, dans ma pratique, comptent autant les rencontres avec des parents, des époux, des soignants engagés dans une relation à l'alcoolique ou au toxicomane. Et cela, pour autant qu'une telle symptomatologie est associée à un discours de complicité — avec l'autre — ou d'opposition — contre l'autre —, le toxique (alcool ou drogue) venant soutenir ou contrer la logique sexuelle du rapport à autrui.

J'associe ces conduites de dépendance à l'adolescence, parce qu'elles me semblent témoigner d'un maintien, ou d'une tentative de maintien, du symptôme dans l'Autre, signe d'une inaptitude ou d'un refus de s'approprier le symptôme, d'une esquive du « à chacun son symptôme, comme à chacun sa chacune », où s'énonce la qualité sexuelle de cette appropriation imaginaire.

L'alcoolique, ou le toxicomane, s'adresse à l'autre, en s'offrant d'abord comme l'incarnation du symptôme ; c'est pourquoi il déclenche assez facilement chez son interlocuteur à la fois une réaction négative — le dégoût ou l'horreur — et une position — pouvant glisser vers la perversion — maternelle à l'égard de l'alcoolique, paternelle à l'égard du toxicomane.

Pour distinguer alcoolisme et toxicomanie, je soulignerai d'abord leur différence quant à la jouissance et au rapport à l'autre ; j'étudierai ensuite les qualités structurales de l'objet toxique avant d'envisager finalement les modalités spécifiques d'une intervention analytique.

Mais d'abord, une réserve : la différence concerne moins des toxiques que des conduites. Car, dans certains cas, l'usage de toxiques peut être assimilé à l'usage de l'alcool (ainsi, souvent, la consommation du cannabis chez les adolescents). Et, d'autre part, il peut exister un rapport toxicomaniaque à l'alcool.

Je pense à un jeune homme que je recevais ces dernières années, pour qui l'alcool était un moyen de produire certains états. Il ne buvait jamais pendant la journée ou à table. Au début, une fois par semaine, le soir, toujours seul, il buvait, de préférence du whisky, à défaut des alcools blancs, voire de l'alcool « pur », mais ni vin ni bière, jusqu'à « rejoindre » — c'était sa formule — un état d'ivresse. Puis ce fut de plus en plus fréquent ; quand il vint me voir, c'était devenu quotidien. Il n'allait jamais dans les bars. L'analyse bascula quand il rencontra sur sa route des alcooliques ; il entreprit alors une cure de désintoxication et, depuis, a cessé ce genre de pratique. Malgré la dépendance dans laquelle il se trouvait, il s'agissait d'un engagement plus toxicomaniaque qu'alcoolique.

Les différences entre l'alcoolique et le toxicomane se mesurent certes phénoménologiquement, selon le mode sur lequel ils se présentent, mais dans une phénoménologie subvertie par la prise en compte des enjeux transférentiels : l'alcoolique et le toxicomane ne provoquent pas les mêmes sentiments parce qu'ils ne cherchent pas à provoquer les mêmes sentiments, et cela est moins lié à la nature du toxique qu'à ce qui agite le sujet intoxiqué, dans son rapport à la jouissance.

Le mode d'absorption

Première différence : le mode d'absorption. L'alcoolique met en valeur, pourrait-on dire, cet orifice naturel qu'est la bouche avec la voie digestive autour de laquelle se construit l'image du corps. S'il fait apparaître un Réel, c'est un Réel de l'Imaginaire. Il est en continuité avec la « nature », comme le souligne l'idée d'une progression dans l'alcoolisme, d'une pente sur laquelle nous risquerions tous de glisser. L'alcoolique est notre semblable ; il nous renvoie à l'impossible calcul du bon et du mauvais objet et aux limites réelles de notre corps imaginaire.

Je ne peux m'empêcher d'associer l'alcoolisme et la mode des produits dits naturels ; j'ai connu l'épouse d'un alcoolique : elle prenait grand soin de son mari et d'elle-même, et évitait soigneusement toute consommation de produits artificiels, supposés cancérigènes.

Le toxicomane, lui, est un chimiste, et, surtout, le mode d'absorption est radicalement autre : l'héroïnomane — comme le morphinomane, et parfois le cocaïnomane et l'amphétaminomane [9] — privilégie l'injection intraveineuse. Cela me semble déterminant pour différencier les diverses toxicomanies. Percer le corps d'autres trous que les orifices dits naturels, user d'un instrument médical impliquent que l'image du corps n'est plus la même, que la distinction du dehors et du dedans est subvertie. On sait que là se joue non plus une progression, une glissade, mais un saut, un pas décisif.

S'il y a chez l'alcoolique et chez le toxicomane recherche d'une jouissance, ce n'est pas la même. L'ivresse et l'effet « flash » n'ont pas les mêmes enjeux, en particulier quant au rapport au corps. Alors que l'alcoolique est agité par une nostalgie, somme toute névrotique, à la limite perverse, d'un état indifférencié sexuellement, l'héroïnomane est en quête, non pas d'un état, mais, à travers différents états, d'un instant de projection, d'éjection hors du monde, en quête d'une psychose artificielle. Plus que dans la dégradation physique, il réussira finalement assez bien son coup dans la mort brutale.

L'alcoolique, assoiffé absolu, est le héros de la pulsion orale qui l'organise, et il y a sûrement une certaine ressemblance entre l'engagement précoce dans l'alcoolisme et les autres pathologies alimentaires, plus féminines, que sont l'anorexie et la boulimie. Le toxicomane n'est le terrain d'aucune pulsion libidinale, sinon de la pulsion de mort, souvent prêt à évoquer sa « machinerie » corporelle ou à développer une théorie physiologique, à proximité parfois du délire hypocondriaque.

Le toxicomane, l'alcoolique et le lien social

Seconde différence : le rapport aux liens sociaux. Certes, chez l'alcoolique comme chez le toxicomane alternent l'envie exagérée de sociabilité et le souhait d'un retrait solitaire, quoique ce soit sur des modes divergents. Mais surtout il y a opposition entre l'engagement dans le quotidien chez l'alcoolique et le jeu du toxicomane, au point qu'on pourrait évoquer des « religions » différentes.

L'alcoolique est dans le monde, quitte à se présenter comme un déchet de ce monde, comme un chien, comme l'objet, produit comme reste par « la société ». De façon paradoxale, par la honte parfois mais aussi par la gloriole, il valorise le lien social : les femmes à l'église, les hommes au bistrot.

Le toxicomane, lui, se présente volontiers comme un extraterrestre ; explorateur, il est ailleurs, à tenter d'inventer un autre monde, un autre lien social, une autre religion. Ce fut le principal thème du discours d'un « dealer » que je reçus quelquefois. Les réseaux et les rituels qui ne manquent jamais de s'instaurer, depuis les circuits clandestins de distribution (je crois qu'on a raison de dire qu'un toxicomane est toujours un dealer potentiel, autrement dit un agent prosélyte) jusqu'aux jeux de cache-cache, en passant par la sacralisation des instruments nécessaires, ces réseaux et ces rituels renvoient aisément, certes, aux jeux ritualisés, symboliques de l'enfant, mais en tant qu'ils sont au plus près des pratiques religieuses, d'une célébration de l'Autre.

L'alcoolique, c'est celui qui devient, mal, un adulte, voire un vieillard avant l'heure, révélant paradoxalement l'ordre phallique de par son obscénité même, sa gauloiserie. S'il échoue à participer à cette « étrange folie qui a saisi la classe ouvrière et qu'on appelle l'amour du travail » (Lafargue), c'est, malgré tout, en tentant d'y participer, et en soutenant activement, trop activement, la sociabilité, telle qu'elle est phalliquement ordonnée. S'il y a, chez lui, régression à l'oralité, c'est encore sur un mode œdipien.

Au contraire, le toxicomane rejette cette ordonnance sociale et ce qui sera pour lui la tromperie phallique, tenté qu'il est, pourrait-on dire, par la psychose qu'il a, le plus souvent, ratée.

Je reviendrai sur le mensonge, mais, concernant le lien social, on peut déjà en distinguer le cache-cache du toxicomane. L'alcoolique mentira pour être accepté, ou rejeté, par ses semblables, tentant le dialogue avec les autres ; le toxicomane cachera ses pratiques, ou s'en vantera, contre ses semblables en tant que petits autres, au nom de l'Autre. Le dieu de l'alcoolique peut être l'alcool, dieu d'un polythéisme qui ménage une place au semblable de pouvoir participer au même culte ou d'en respecter un autre, équivalent ; au contraire le dieu du toxicomane, ce n'est pas la drogue, si bien qu'il pourra chercher d'autres voies d'accès au champ de l'Autre, d'autres voies de jouissance, parfois contre la drogue, dans des pratiques sado-masochistes ou dans le suicide, par exemple. Cela pose toute la question de la guérison du toxicomane.

S'il y a une religion de l'alcoolique, la toxicomanie s'apparente plutôt à une pratique mystique.

L'objet drogue et la demande

Quel est donc le statut particulier de cet objet drogue ? Certes, en ce qu'il permet l'invention d'un espace privilégié, on peut le saisir comme l'un des avatars de l'objet transitionnel, tel que le définit Winnicott.

Prenons le cas de l'usager occasionnel, qu'il convient de différencier du toxicomane plus qu'on ne le fait souvent, et pensons en particulier à l'adolescent quand il s'essaie au cannabis comme on s'essayait autrefois au tabac : il effectue là un des essais possibles de l'adolescence, comme l'est par exemple l'écriture d'un journal intime, ou, au pire, une de ces transgressions mineures qui remplacent les processus d'initiation aujourd'hui disparus ou presque. En ce sens, cette définition de la drogue comme objet transitionnel semble adéquate.

L'adolescence est recherche d'une pharmacie, d'un *pharmakon*, d'une drogue secrète, d'un philtre, mais aussi d'un mot de passe qui puisse procurer un supplément d'âme, dans cette phase qui est alors essentiellement marquée par le deuil des objets de l'enfance et les métamorphoses de l'image spéculaire. Persistance des conduites magiques, l'usage occasionnel de drogue est à ranger du côté d'une pathologie quotidienne qui existe aussi, sous d'autres formes, chez l'adulte. C'est pourquoi, un temps, on a évoqué la « société de consommation », telle qu'y fonctionne un rapport particulier aux objets, comme le cadre de cette extension des pratiques toxicomaniaques.

Mais l'erreur serait tout autant de banaliser cet usage que de s'en inquiéter outre mesure. En effet, si la drogue peut faire fonction de nouvel objet transitionnel, ou plutôt, dirais-je, parodier l'objet transitionnel entre le dehors et le dedans, cet objet très vite ne fait plus transition : il organise l'ensemble de la vie psychique et de l'activité du sujet, dans une fixation qui caractérise alors le toxicomane.

La drogue pour lui ne fait plus transition ; mais cela ne signifie pas qu'elle devienne pour autant objet du désir, puisque son efficacité est justement de se substituer à tout objet du désir, de réduire le désir en maintenant la jouissance, en ne permettant pas au désir de faire obstacle et limite à la jouissance, voire à la jouissance suprême qu'est la mort. Nombreux sont les toxicomanes qui évoquent ce même nirvana dont parle Freud à propos de la pulsion de mort.

En effet, la drogue est l'instrument d'un court-circuit du désir par la demande d'un objet qui existe et insiste là où l'objet du désir ne peut que s'avérer manquant. Le toxicomane, confondant objet de la demande et objet du désir [10], met alors le désir en défaut. Quand « la demande se déchire du besoin [11] », le toxicomane tente de réarticuler la demande autour d'un nouveau besoin ; il évite ainsi le désir, en tant que celui-ci se soutient d'un manque du côté de l'objet et d'une division du côté du sujet.

Cette demande tourne alors sur elle-même, autour de l'objet drogue, et parodie le désir ; elle imite ainsi un acte particulier qui nie le corps comme corps de plaisir et le soutient comme machine anatomo-physiologique : l'acte médical.

C'est pourquoi, d'un point de vue psychologique, on pourrait dire que c'est cette médicalisation qui, le plus souvent, fait signe d'un véritable engagement toxicomaniaque ; ainsi, en particulier, du « shoot », du « fixe » : la seringue est, pour reprendre le vocabulaire de Deleuze et Guattari, un organe sans corps.

On est certes proche de l'objet-fétiche ; mais cette fétichisation ne signifie pas qu'on puisse parler de perversion. Freud le remarque [12], il y a une part de fétichisme dans toute vie sexuelle normale. En l'occurrence, la seringue elle-même n'est pas suffisante pour la jouissance ; elle n'est qu'un instrument ritualisé — dans le sens religieux du terme —, comme le geste, que ce geste soit celui du sujet ou celui d'un comparse.

Ce qui est ainsi produit, chez le toxicomane, dans cette logique tordue du corps, c'est, moins qu'une jouissance de plus en plus éphémère, la relance possible de la demande.

Que la drogue puisse être qualifiée d'objet de la demande, désarticulé du désir qu'il court-circuite, explique l'importance du jargon : car la demande n'a, en dernière analyse, pour matière que la langue. Ainsi, en français, l'« héro » ou l'« héroïne » n'est pas un signifiant vide de sens dans l'imaginaire de l'adolescent : il renvoie à ce personnage, à mi-chemin entre les hommes et les dieux, qui passe, dans une apothéose, de l'humain au divin, et qu'on rencontre dans les films et les bandes dessinées.

Voilà pourquoi la toxicomanie s'accompagne d'un prosélytisme d'allure sacrée, quand le sujet se fait le chantre d'un paradis dont il est lui-même revenu ; cela mène souvent le toxicomane à devenir « dealer », à participer au trafic clandestin. On peut d'ailleurs remarquer comment, du côté du « thérapeutique », se développe un prosélytisme inverse, qui prend les mêmes caractères, avec son jargon, ses rites, ses grands prêtres et ses réseaux : ainsi, du meilleur au pire, le spécialiste de la toxicomanie se présente comme un gourou entouré de sa bande d'élèves.

Définir la drogue comme objet de la demande permet d'intervenir ; car si l'acte du drogué est équivalent à une parole et reste pris dans les signifiants qui l'ordonnent, il arrive que le toxicomane adopte une autre forme de demande.

J'ai en mémoire ce que me disait un ancien toxicomane, alors en analyse (il avait effectué une cure de désintoxication quelques années plus tôt) : il comparait le rituel analytique à celui de la drogue, au point d'associer le rythme des séances à une contrainte quasi physiologique.

Le risque est, bien sûr, que le toxicomane ne s'enferme dans un fonctionnement visant à un autre type de dépendance, ou bien, comme souvent l'alcoolique, ne scande sa vie par l'alternance, beaucoup plus précaire chez lui, des sevrages et des rechutes. Un autre parcours est-il possible ?

Cela suppose du toxicomane, mais aussi du thérapeute, qu'ils acceptent la vérité de la dépression qui a pu conduire le sujet autant à la drogue qu'à la demande d'aide, qu'ils supportent la vacuité du désir, c'est-à-dire l'angoisse ; qu'ils démontent la logique des objets, et pas seulement de l'objet drogue ; qu'ils reconnaissent que s'il y a une matérialité de la demande, elle est langagière et non objectale.

Mais, bien sûr, là aussi, la non-validité de toute promesse de bonheur, le vécu nécessaire d'une dépression devant la défection de l'objet et l'aliénation au langage font qu'on ne peut parler de guérison ; tout au plus, des effets de déplacement de l'investissement libidinal par un travail de deuil.

La relation avec le toxicomane

Avant d'esquisser quel chemin analytique est possible avec un jeune toxicomane, il convient d'examiner les caractères particuliers de la relation transférentielle qui peut s'instaurer. Et, là encore, il n'est pas inutile de comparer le toxicomane à l'alcoolique.

Si l'alcoolique a une femme sur laquelle on a beaucoup glosé, le toxicomane se caractériserait plutôt d'avoir des parents ; et ces parents visent juste quand ils déclarent qu'ils préféreraient leur enfant « plutôt mort que drogué », car c'est bien cette alternative qui agite le toxicomane.

L'alcoolique nous pousse vers une position maternelle, ou du moins féminisée, oscillant entre l'évocation, atténuée, du père, d'un père fort et autoritaire, et le soutien à une narcissisation forcée : « Tu devrais cesser de boire, car, sans l'alcool, tu serais quelqu'un de bien. » Le toxicomane, lui, nous tire vers une place de maître : ou bien nous ne comprenons rien ou bien nous devons lui promettre un bonheur nouveau, un moyen d'accès, équivalent à celui de la drogue, vers une autre jouissance que la jouissance génitale. Ou nous ne savons rien, ou nous savons tout. On voit bien comment, au mieux sur un ton moraliste, au pire sur un ton mystico-religieux, le « guérisseur de toxico » peut virer au maître pervers ; c'est le risque de l'institution spécialisée dans la toxicomanie.

Que le père de l'alcoolique soit lui-même alcoolique ou ce « bon, trop bon travailleur » qu'évoquait un patient dipsomane, ce père est comme en vacances, pourrait-on dire ; et c'est du côté de la mère seulement que peut se penser, s'espérer, la clé de l'être et de la jouissance. Pour le toxicomane, au contraire, la mère apparaît en quelque sorte comme « un mauvais père » — ce que livrait, dans un lapsus, un autre patient, toxicomane cette fois : il y avait, pour lui, trop de père, et des pères meurtriers.

Dans le transfert, la question du rapport du thérapeute à la mort sera centrale, telle qu'elle est animée différemment par l'alcoolique et le toxicomane, en fonction de cet écart entre une maternisation du père et une paternisation de la mère.

L'alcoolique se présente aisément comme celui qui pue, tel un cadavre ; il insiste sur ce qu'il y a de mort dans la vie. Ivre mort, telle est sa réussite. Il nous renvoie à notre pourriture, à notre mauvaise odeur. L'épouse d'alcoolique que j'évoquais plus haut associait l'acte de laver et de parfumer son bébé souillé d'excréments, et les soins prodigués à son mari rentré ivre. De par cette éventuelle analisation de la pulsion orale, on conçoit que l'alcoolique déclenche le dégoût, terme fréquent chez Freud pour qualifier l'affect à l'œuvre dans le refoulement. L'alcoolique nous renvoie à la dimension réelle — ou plutôt à ce Réel de l'Imaginaire — du corps conçu comme un tube digestif.

Le toxicomane, lui, ne pue pas. Ceux que j'ai rencontrés étaient plutôt soucieux d'hygiène et de propreté, même si c'était semble-t-il par crainte d'infections — on sait qu'elles sont fréquentes, et le SIDA les a bien sûr aggravées. La mort apparaissait sous deux autres modes : d'une part, il faut bien le dire, du fait de l'urgence, car l'héroïne tue moins lentement que l'alcool ; d'autre part et surtout, par cette forme de conscience de la mort qu'implique la dialectique hégélienne du maître et de l'esclave.

L'alcoolique, jouant d'un mépris de lui-même poussé jusqu'au mépris de l'humain, englobe l'interlocuteur dans le constat que

— je cite un alcoolique — « la vie est merdique ». Le toxicomane, quant à lui, s'engage immédiatement dans une lutte à mort, par un mépris affiché de l'interlocuteur.

Le risque n'est pas alors d'adopter une position maternante, mais de le prendre au mot, de devenir le maître. Si le sujet est plutôt engagé dans l'hystérie, ce peut être un moindre mal, avec, parfois, un effet d'allure thérapeutique. Sinon, et je dirais volontiers dans tous les autres cas, c'est l'inciter au suicide : se soumettre ou mourir ; et cela peut se jouer en quelques rencontres, voire en une seule.

Dès les premiers entretiens, on retrouve dans la mise en place du transfert les mêmes difficultés, exacerbées, avec les toxicomanes qu'avec les adolescents en général. J'adopterais volontiers la thèse de Moses Laufer d'un temps préliminaire alors nécessaire d'« évaluation » avant toute mise en œuvre d'un travail thérapeutique. Mais j'insisterais sur le fait que celui qui évalue, c'est le patient.

Le praticien peut en effet empêcher tout travail analytique en prenant une place condamnée à l'avance par le toxicomane, ou bien le condamnant lui-même à ne pas être analyste : la place de celui qui n'y comprend rien (l'adulte ou le non-usager), celle du complice (contre les parents, contre « la société »), celle du maître (garant d'une « bonne » jouissance).

L'alcoolique peut parfois nous traiter en semblable, venant en séance, en état d'ivresse, compatir « entre pauvres vieux » sur notre malheur commun, nous tutoyant à l'occasion. Mais il y a de quoi se méfier si le toxicomane en arrive à nous reconnaître positivement : non pas parce qu'il se comporterait selon sa conduite habituelle, mais, au contraire, parce que vous aurez réussi ou bien à conforter le symptôme, ou bien à l'aliéner autant que le peut le toxique.

Le toxicomane est-il analysable ?

Doit-on donc exclure toute psychanalyse du toxicomane, et lui préférer une intervention plus limitée, économisant le travail de deuil au profit d'un réaménagement psychique qui substituerait par exemple à la drogue une idéologie ? Je pense que non, à condition de mesurer que le parcours possible est, comme souvent avec les adolescents, d'une certaine façon inverse de celui qui oriente la direction de la cure d'adultes. En particulier, du fait d'un rapport autre à la vérité.

Quelques mots d'abord sur l'alcoolique. La difficulté, là, est la ressemblance. Le dégoût à l'égard de l'alcoolique nous renvoie à notre dégoût de nous-mêmes ; et son obscénité est cela même : il ne joue pas le jeu du refoulement, il lui substitue le jeu du mensonge.

Si l'analyse consiste à repérer comment le mensonge glisse sur la pente de la vérité, le problème avec l'alcoolisme, c'est que la vérité glisse sur la pente du mensonge. Un collègue et ami de Montpellier, Pierre Gazaix, usait, à propos de l'alcoolique, d'une formule apparemment paradoxale pour expliquer le malaise qu'il ressentait : l'alcoolique ne sait pas mentir [13]. Je modifierai un peu cet aphorisme. L'alcoolique nous révèle immédiatement l'usage du mensonge : le mensonge n'est pas fait pour qu'on y croie, mais pour entretenir un peu de sociabilité.

Pour autant que l'analyse est possible parce que l'analyste serait « un mensonge qui dit toujours la vérité », selon la définition que Cocteau donne du poète, usant le transfert imaginaire dans un transfert symbolique, l'alcoolique est vraiment trop notre semblable pour qu'un tel mensonge soit efficace.

Le toxicomane, lui, ne ment pas. Il est plus animé par le secret que par le mensonge. La difficulté réside ailleurs, dans la question d'un rapport entre savoir et jouissance. Si l'explication médicale de l'alcoolisme peut avoir quelques effets sur le buveur, le toxicomane restera le plus souvent insensible à qui déploiera un savoir sur son état. Il n'y a ni savoir, ni jouissance à lui promettre.

« Ce qui est impossible, me disait un cocaïnomane sévère, c'est oublier ce que je sais ; on me demande de renoncer à ce que j'ai appris. » C'est en cela, d'ouvrir une dimension particulière du savoir, d'un savoir sur la jouissance, que la première prise d'héroïne, voire de cocaïne, peut être dangereuse, alors que chacun a traversé, au moins une fois, une soirée d'ivresse. Et cela, indépendamment des considérations de dépendance physiologique.

L'expérience toxique, c'est du tout autre ; très vite, il y a renoncement, d'une part à toute activité en général au profit de cette jouissance autre que sexuelle, d'autre part à toute recherche d'un savoir régi par le signifiant : « Vous ne pouvez pas savoir ce que je sais, parce que ce n'est pas du savoir », me disait le même toxicomane.

Le premier temps de l'analyse d'un toxicomane ne saurait consister à laisser s'effectuer une répétition de la demande, telle que soient tour à tour circonscrits, décrits, les parcours de la demande et du désir, car le toxicomane se présente justement comme celui qui a réussi à faire coïncider objet de la demande et objet du désir. Alors que la cure du névrosé non toxicomane vise d'abord l'analyse du fantasme pour que, dans un temps second, soient déconstruites les figures de l'Autre auquel il est assujetti, l'analyse du toxicomane n'est possible qu'en inversant cette logique : commencer par la mise en cause de l'Autre pour ensuite analyser le fantasme. En d'autres termes, il n'est pas possible, avec lui, d'éviter, comme premier temps, une analyse du transfert, une analyse des résistances, pour, dans un second temps, permettre une analyse du fantasme.

Il ne serait pas très intéressant de rapporter ici l'intégralité d'une cure, car la « disparition du symptôme », l'acceptation du sevrage ne constituent pas la fin d'un tel parcours ; l'analyse, après un certain temps, peut, dans un temps suivant, prendre une allure tout à fait classique, et dont la direction correspond à la singularité de la structure du sujet.

Dans ces deux premiers temps, l'analyste devra éviter les pièges de l'incompréhension et de la complicité, sans pour autant occuper une position de maître ; il pourra alors, si je me fie à ma propre expérience, à l'inverse de l'horreur banalement vécue à l'adresse du toxicomane, ressentir, et si possible mesurer, l'horreur... de son acte (celle que pointa Lacan). Et cela, le toxicomane dans son transfert pourra le repérer, en remarquant comment l'engagement dans l'analyse vient « à la place de » l'engagement dans la drogue.

IV. Moments de folie

Aussi fou que la mer et le vent quand ils luttent et se disputent le pouvoir [1].

Shakespeare

1. Folie et adolescence

L'adolescence, expérience folle

L'adolescence apparaît comme un moment de folie. Premièrement, c'est le moment privilégié de l'émergence d'une schizophrénie, quand le sujet a semblé franchir, fût-ce en écho, l'épreuve spéculaire. En effet, il est fréquent que l'entrée dans la psychose se joue dans le registre d'une crise d'adolescence, et l'on sait la difficulté d'un diagnostic différentiel entre une bouffée délirante telle qu'elle peut advenir chez un sujet névrosé, et la crise aiguë d'une psychose déjà constituée. Les seuls recours, autres qu'intuitifs, sont alors l'anamnèse, pour déceler d'éventuels « phénomènes élémentaires » antécédents, ou bien les suites de la crise pour déceler les atteintes qu'elle manifestait et en déceler les effets.

Deuxièmement, les adolescents et les jeunes adultes, très rapidement, se sont avérés être de ceux qui pouvaient le plus facilement correspondre à un diagnostic de *borderline*, d'état-limite. Au point qu'il n'est pas rare que l'état-limite soit défini comme une « adolescence attardée », voire comme une psychose infantile qui n'aurait pas, ou pas encore, viré à la psychose adulte.

Troisièmement, les questions de l'adolescent sur son corps, sur son identité, sur son intégration dans le monde et la société, sur son rôle sexuel, rencontrent les questions posées par les psychoses. Les remises en cause du Moi, de l'image du sujet dans sa relation à l'Autre, et du Nom, de l'inscription de ce sujet dans l'ordre social, enfin « la lutte pour se sentir réel » qu'évoque Winnicott, rapprochent l'adolescent — Winnicott le relève aussi — « de la petite enfance et de la maladie d'ordre schizophrénique », par cette « moralité farouche, basée sur le réel et le faux »[2]. D'autant que ces questions sont souvent formulées au travers d'une théâtralisation, celle qui ordonne alors acting-out et passages à l'acte, rangés sous le titre de l'agir.

Pour l'adulte, et en particulier pour le clinicien, il est difficile de trancher entre ce qui est manifestation, parfois paroxystique, d'une crise d'adolescence et ce qui pourrait relever d'une pathologie autre, d'une psychose ou d'une perversion. En effet, le réaménagement nécessaire des identifications implique ces moments éventuels de « déréalité », ou peut s'accompagner d'un quasi-délire d'interprétation, même chez les sujets névrosés.

Dans l'abord de ce diagnostic différentiel, la nosographie et la terminologie psychiatriques parviennent difficilement à passer du quantitatif — l'ampleur des manifestations d'allure pathologique — au qualitatif — la détermination de la structure psychotique ou névrotique de la personnalité — : comment poser une solution de continuité entre les « désordres schizoïdes », les « désordres schizophréniques », les « pré-schizophrénies », etc.

Devant cette difficulté, commune aux psychanalystes et aux psychiatres, toute une partie de la psychiatrie fuit les risques d'une approche phénoménologique — certes approximative, mais qui, mettant en question l'observateur, laisse sa chance au sujet — pour se rapprocher d'un behaviorisme positiviste ; ce behaviorisme esquive en effet la question qualitative, jusqu'à éliminer la différence entre psychose et névrose, comme l'atteste en particulier la classification dite DSM3. A l'inverse de cette dérive, un « structuralisme » scientiste et mécaniste, confondant la critique de l'historicisme et du psychogénétisme avec le refus de toute prise en compte d'un devenir subjectif, et usant de la théorie lacanienne du Nom-du-Père comme d'une machine à dépister la psychose, aboutit aux mêmes résultats.

Nous sommes dérangés par les adolescents « comme » nous sommes dérangés par les fous, et je m'attarderai d'abord à cette métaphore. Il est vrai que la rencontre avec l'adolescent peut parfois être considérée comme une « psychose de transfert » ; mais, du fait que cette notion est théoriquement limitée, il ne s'agirait pas nécessairement ainsi d'une psychose du côté du patient, mais dans la relation elle-même.

S'il y a proximité de l'adolescence et de la psychose, c'est en deçà de l'appréciation clinique : l'adolescent est au vif, comme le psychotique, de la question de l'être, de l'être-pour-soi et de l'être-pour-autrui. La proximité de l'adolescence et de la folie est moins d'ordre clinique qu'éthique ; dans sa rencontre avec l'adolescent tout comme avec le psychotique, l'analyste est immédiatement, lui-même, interrogé sur l'être et sur « son » être, c'est-à-dire mis en face de sa propre éthique de la relation à l'autre et à l'Autre.

L'adolescent et les contradictions

C'est une belle trouvaille que celle de Mallarmé donnant, au personnage adolescent d'un conte resté inédit de son vivant, le nom d'Igitur : *Donc*. Un personnage pour qui écrire et mourir participent des mêmes effets, comme pour Hamlet dormir et mourir.

L'adolescence est l'âge des extrêmes : d'une part, les énoncés sont généralisés jusqu'à l'abstraction qui permet leur manipulation pure, idéale — c'est ce qui caractérise le « stade formel » que décrit Piaget, quand l'usage de la combinatoire n'a plus pour objet le monde concret mais les théories elles-mêmes [3] — ; d'autre part, les principes de la logique, en particulier le principe de déduction appuyé sur le tiers exclu, sont poussés dans leurs ultimes conséquences, nécessairement paradoxales.

Les éducateurs, comme les parents, se confrontent au fait qu'aucune parole adressée à l'adolescent n'est, pour lui, perdue, sinon dans son fond, dans son sens, du moins dans sa forme, dans sa syntaxe ; à l'occasion, il la retournera à son propre usage, relevant avec diligence les contradictions dont l'adulte fait véritablement preuve dans ses dires et dans ses actes.

Cela ne me semble pas caractériser certains sujets, ceux qu'on étiquetterait du diagnostic de névrose obsessionnelle, mais bien signer la phase de l'adolescence dans la constitution imaginaire du champ de l'Autre et de son ancrage dans un des noms-du-père. Si l'on peut alors parler d'obsessionnalité, c'est seulement dans le sens où la religion, organisation la plus solide de notre lien à l'Autre, s'ordonne sur un mode comparable ; et l'on sait combien la question de Dieu est, à l'adolescence, réactivée.

Modifications de la réalité durant l'adolescence

Parce que l'image du corps, non seulement change, mais surtout change de statut, la réalité est modifiée à l'adolescence.

En effet, le corps est alors pris dans le réseau des relations à l'autre, et, en particulier, à l'autre sexe : sur le versant hystérique, ce corps est promu signifiant du désir, par lequel le sujet subjective son statut d'objet pour l'Autre ; ainsi, pourrait-on dire, il offre son corps à l'Autre, comme lieu possible d'une jouissance commune. Sur le versant obsessionnel, par contre, ce corps se révèle alors être ce qui entrave, leste les jeux possibles, ce qui fait limite réelle à l'efficacité de la langue dans l'appropriation du corps de l'autre comme objet ; le corps alors serait ce qui retient le sujet dans l'engagement de son désir. Dans un sens ou dans l'autre, le rapport du signifiant, des signifiants, du savoir à l'objet est bouleversé.

Le champ perceptif se trouve donc pour la seconde fois modifié. Piaget décrit assez précisément la première modification [4] : celle qui réduit l'espace topologique où se meut le jeune enfant à l'espace euclidien, symboliquement ordonné, réglé par un point de fuite dont Charles Melman a montré qu'il pouvait être signifié par S1 [5]. A l'adolescence apparaît l'infini spatial, qui, certes, prolonge et généralise cette première réorganisation de l'espace, mais au prix d'un bouleversement possible de la perception. En d'autres termes, il n'est pas évident que les processus opératoires et combinatoires du stade formel intègrent les processus opératoires des stades précédents ; en particulier, le sujet est renvoyé, sur un mode perturbé, à des processus sensori-moteurs dont la logique a été oubliée, au point où il en est.

Ainsi peut-on expliquer cette maladresse fréquente chez l'adolescent, surtout chez l'adolescent dit « intelligent ». Au stade formel, la complémentarité constructive entre — pour reprendre les concepts piagétiens — l'assimilation et l'accommodation cesse ; pour le dire autrement, le déploiement de la chaîne signifiante et le rapport à l'objet se disjoignent, fonctionnent librement et indépendamment, en butant sur le Réel.

Certes, si l'on suit Piaget, cette disjonction, cette discordance est provisoire. La maturité, dont il parle peu et ne distingue pas de la meilleure intégration du stade formel, serait l'effectuation d'une accommodation, où d'une certaine façon l'intelligence des mots renouerait avec l'intelligence des choses ; mais n'est-ce pas en fait la conséquence d'un processus de refoulement, refoulement en particulier de cette démesure de l'infini ?

Il suffit de constater à quel point l'adolescent répond mieux que l'enfant, mais aussi que l'adulte, aux questions de logique formelle. Dans les sciences dites pures, on le sait, les découvreurs sont des gens jeunes. Ainsi, Gödel a vingt-cinq ans quand il découvre ses célèbres théorèmes ; plus tard, il ne fera que les commenter, et même continuer à faire des mathématiques en les oubliant.

Pour en revenir à un point de vue clinique, l'inadéquation entre le champ perceptif tel qu'il s'est constitué dans un monde borné et la découverte de l'infini aide à comprendre l'attrait des adolescents pour les voyages vers l'inconnu, pour la science-fiction et, surtout, pour les expériences hallucinogènes, pour ce qu'il faut bien appeler des « psychoses expérimentales » ; dans celles-ci en effet, la perception est modifiée dans ses principes symboliques, imaginairement appropriés par le sujet, dans une proximité avec le vécu du schizophrène.

Dans un autre registre, l'espace de la chambre de l'adolescent pourrait être représenté par le tableau de Van Gogh de sa chambre à Arles : plusieurs systèmes perspectifs y coexistent, produisant un effet tordu, à cette réserve de taille près que la rigueur perspective est maintenue. Cet espace n'est ni topologique, ni euclidien, mais proche des espaces non euclidiens prétopologiques, tels qu'ils sont apparus dans l'histoire des mathématiques. Je présenterai, plus loin, l'histoire d'un adolescent pris dans un tel espace.

Les espaces du jeune enfant, de l'adolescent et du psychotique — et peut-être aussi du phobique —, tout en étant différents, ne sont donc pas strictement euclidiens, c'est-à-dire conformes à notre géométrie quotidienne, à notre mesure du monde : c'est pourquoi des rapprochements entre eux sont possibles, en ce qu'ils entretiennent un rapport au Réel, un Réel qui excède ce que le sens commun entend et construit comme la réalité.

Il faut donc que soit précisé le lieu où la pratique se déploie, que soit examiné l'espace d'une thérapeutique éventuelle. Je trouve symptomatique que des analystes justifient parfois leur refus de recevoir des enfants en invoquant des difficultés dues à la disposition de leur lieu de travail. De même, la question de la prise en charge de patients psychotiques est souvent réduite, sans explication, à celle du « cadre » : « il faut le cadrer », alors même que l'acte psychotique est de « sortir du cadre » du fantasme. Concernant les adolescents, la question qui agite les analystes est celle, sous le couvert de la « cure-type », de l'usage ou non du divan.

Ces questions d'espace se posent bien sûr, mais pas simplement sur un plan technique ; elles comportent, implicite ou explicite, une théorie, voire une éthique : quel est l'espace de l'analyse, à quelle esthétique obéit l'analyste ? Questions que la référence à la cure-type esquive. L'analyste est alors amené, plus encore qu'avec l'adulte névrosé, à reformuler la question de la valeur de la réalité, en tant que son statut est associé à celui du fantasme. C'est un des enjeux de l'analyse du transfert, du côté de l'analyste.

La hantise du corps

Si l'espace de l'adolescent peut ressembler à un espace fou, il en est de même quant à son corps.

Ainsi sont fréquentes à l'adolescence les manifestations dysmorphophobiques, thème qu'on retrouve de façon privilégiée dans les bouffées délirantes ; ces craintes sont accentuées par les modifications corporelles soudaines succédant à une lente évolution physiologique. On sait aussi comment les plaintes hypocondriaques et les peurs paniques de troubles sexuels justifient alors le recours au médecin.

L'image du corps, élaborée chez l'enfant, est débordée par les transformations de la puberté, les changements de silhouette, la pilosité, la mue de la voix, la maturation génitale. Surtout, l'adolescent est engagé dans la relation à l'autre sur un mode paradoxal : d'une part, il cherche des repères, non plus du côté des figures parentales, mais dans une extension de la fratrie, opposée au monde dit des adultes ; comme l'atteste la mode qui, par le vêtement, la manière de parler, etc., vient signifier une génération. D'autre part, il tente d'affirmer son originalité, au sens fort du terme : se souhaiter à l'origine de soi-même. Position difficile où son corps, sous le regard de l'Autre, est à la fois persécuteur et lieu de projection.

Ainsi, phénoménologiquement, chez l'adolescent, se rencontrent les deux versants caractérisant la folie. D'un côté, le sujet en vient à faire corps du corps social, à être totalement pris dans la « chair du monde », au point que rien de ce qui s'y joue ne lui est étranger : il est concerné, cerné par le regard de l'Autre, dont la consistance est le monde lui-même ; de là un engagement possible dans un millénarisme politique moins revendicatif, c'est-à-dire moins hystérique, que totalitaire et paranoïaque. De l'autre côté, le sujet est abandonné, isolé, radicalement séparé, « projeté hors », pour citer encore Mallarmé, définitivement rejeté hors des jeux sociaux, voué à se replier sur lui-même, jusqu'au mutisme.

Il est banal que l'adolescent s'interroge alors sur la conformité de son corps à un modèle ; ce modèle, il pourra le chercher dans une génération (« communauté de destin », selon Heidegger) ou hors du champ quotidien, voire même parfois dans quelque double insaisissable.

Si une expérience est commune chez les adolescents — et certaines bouffées délirantes n'en sont que l'accentuation — c'est celle de l'« inquiétante étrangeté », dans le rapport à ce corps soumis à d'intempestives modifications et aux intempéries du monde ; ce corps qui n'est plus à la place qui lui a été faite dans l'imaginaire de l'enfant, et qui, alors, se révèle « mal foutu » au regard du sujet sur lui-même.

Le Moi, en ce qu'il est imaginaire, est bouleversé par une remise en cause radicale des processus d'identification, par une désorganisation de l'ordre symbolique. Ainsi ce qui était lié pour l'enfant, dans l'appropriation imaginaire de son corps et du monde, réellement et symboliquement déterminés, se délie pour l'adolescent ; et cela, plutôt que de l'assurer de la liberté qu'il revendique, le fait voisiner avec le délire.

La passion généalogique

Ce bouleversement se manifeste à l'égard des figures parentales. Comme le psychotique, l'adolescent, quand est mise en cause sa place symbolique dans la filiation, se risque à l'invention d'un lien autre à la suite des générations, que ce soit dans un « roman familial » ou en acte.

Que le cycle de la reproduction soit alors proposé comme lieu d'exercice de la libido introduit l'adolescent à l'infini des générations ; c'est-à-dire à un temps continu, à un Réel qui n'est scandé que relativement, chacun étant tour à tour, non pas fondateur, mais représentant du Nom-du-Père. La métaphore paternelle perd alors de son efficacité, à la fois à ses yeux et en ce qu'elle fonde un ordre, une hiérarchie du Symbolique.

D'où la passion généalogique des adolescents, qu'elle s'adresse aux grands-parents, à l'ancêtre ou à Dieu, sur le chemin « normal » qui mène à faire de « la Femme » l'un des noms-du-père.

C'est pourquoi l'adolescent recherchera d'autres noms-du-père qui puissent soutenir le Nom-du-Père comme ancrage de la structure de l'humain, au-delà de la réalité du père. Il interpelle activement alors ceux des adultes extérieurs à la cellule familiale qui pourraient l'assister dans cette épreuve, mais au risque de ne trouver qu'un maître pervers, ou un mort dont la présence est quasi hallucinatoire, ou encore de perdre ses repères symboliques dans cette quête.

J'ai déjà indiqué, dans le second chapitre, comment l'adolescent alors en venait à interroger les discours et les liens sociaux qu'ils produisent. Il arrive, risquons la métaphore, que dans le tournoiement des discours il attrape le vertige et ne sache plus à quel saint se vouer, quitte à sembler délirer. Beaucoup plus banalement, cette remise en cause des déterminations symboliques du sujet trouve à se manifester sur plusieurs modes, chez les adolescents, qui ne sont pas sans rapport avec l'expérience de la folie. J'en mentionne quelques-uns.

En premier lieu, la fugue, le « voyage », l'attente du moment de quitter l'adresse des parents ne sont pas seulement quête d'un lien autre, mais aussi refus d'être localisé par l'Autre là où résident les parents, dans leur intérieur, alors que ce que demandait l'enfant, c'était, à l'intérieur du domicile, un lieu privé. Le « Vous habitez chez vos parents ? » dont on se gausse est une question de poids entre adolescents, car se conjoignent, dans cette interpellation de l'autre sexe, les questions de la sortie du lieu familial et de l'exercice de la sexualité. Cette sortie, avant d'être concrétisée par une autre localisation, solitaire ou non, avant d'être invention d'une autre place, est, sinon fuite, du moins mise en jeu d'un hors-lieu, non seulement imaginaire, mais aussi symbolique. Elle voisine alors avec l'errance schizophrénique.

Le second mode de cette remise en cause se manifeste aussi bien dans le mutisme des adolescents que dans l'invention ou la sélection de mots qui marquent une génération. Ces mots, dans une dimension performative, viennent signifier une jouissance. On a connu « formidable » condensé en « formid » ; à une époque dominée par le monde anglo-saxon, cela résonnait peut-être comme un *for me*, « pour moi ». On a connu, plus récemment, « super », « extra », « génial », voire — ça, c'est ma fille qui me l'a appris — « superextragène » et « supgène » ; le mot « génial », avec ce qu'il renvoie à la fois du côté du génie, du gène et de la gêne, est particulièrement riche. Dernièrement, le mot valorisant était « géant ». On sait aussi comment, dans leur quête d'identité, les jeunes de la seconde génération immigrée, les « beurs », y sont allés de s'approprier le « verlan », dont le principe est l'inversion des syllabes à l'intérieur de chaque mot. De même il est fréquent que le prénom ou le nom soient mal supportés par l'adolescent, et que fonctionne dans une bande, organisée ou non, délinquante ou non, l'usage de surnoms. Ces opérations sur la langue, de même que les tentatives glossolaliques valorisées dans les communautés charismatiques où l'on rencontre nombre d'adolescents, sont autant d'opérations d'habitude caractéristiques de la psychose.

Troisième mode, l'adolescence est l'âge de l'écriture, de l'écriture de fiction, même quand il s'agit de l'apprentissage de la lettre d'amour. J'ai déjà émis l'hypothèse que l'amour, loin d'être lié à un objet singulier, serait, à l'adolescence, une tentative de trouver une opération substitutive à celle du nom-du-père ; c'est ce qui agite les essais scripturaires des adolescents. Rares sont ceux qui, à un moment ou à un autre, ne tiennent pas un journal ou ne s'essayent pas à la poésie.

Le suicide chez l'adolescent

Ce qui, probablement, prête le plus à confusion entre les moments paroxystiques d'une crise d'adolescence et la psychose, c'est la propension à l'« agir ». Je maintiens provisoirement ce terme qui réunit aussi bien les « acting out », les « passages à l'acte » que les actes véritablement fondateurs.

On pourrait répertorier les plus fréquents de ces comportements dans la pathologie spécifique des adolescents, et j'ai déjà évoqué fugue et délinquance. J'aborderai maintenant la question des tentatives de suicide [6], sans reprendre l'ensemble de ce qui a été élaboré, par ailleurs, sur le problème.

Classiquement, il est banal de distinguer deux types de tentatives de suicide : d'une part, celles qui seraient des mises en acte d'une demande névrotique, plus spécifiquement hystérique (on sait que l'hystérie est plus particulièrement féminine, du moins statistiquement ; or, les tentatives de suicide sont plus fréquentes dans la population féminine que masculine, alors que la proportion est quasiment inverse pour la mortalité suicidaire). D'autre part, celles qui seraient des passages à l'acte psychotiques, que ce soit par automatisme mental ou comme conséquence d'une ratiocination délirante.

Même si ce point de vue n'est pas à négliger, il est sans doute à relativiser chez l'adolescent, pour autant qu'à cette période se jouent des remises en cause aussi essentielles que dans les psychoses, et cela pour n'importe quel adolescent, même névrosé. Les comportements de l'adolescent font échec à toute pathognomonie. Sans prétendre faire le tour de toutes les causes de suicide d'adolescents, j'en définirai trois principales.

Premièrement, la tentative de suicide comme appel, comme demande. On se situe là, certes, dans le registre névrotique, mais aggravé : en effet, l'Autre ayant provisoirement perdu, pour l'adolescent, de sa consistance imaginaire, nul ne peut être là à même de répondre, ne serait-ce que partiellement, sinon précisément Dieu. Il serait particulièrement imprudent de se rassurer alors par un diagnostic de névrose, sans aucun travail thérapeutique : certains adolescents s'engagent dans des tentatives à répétition à chaque raté de la relation aux autres, à chaque rencontre de malentendu, ne serait-ce que parce que ces tentatives sont les seuls événements qui semblent inquiéter l'entourage ; d'autre part, le défi que lance l'adolescent, à lui-même et aux autres, peut aller à l'extrême, que ce soit sous la forme d'une tentative de suicide définie comme telle ou par la prise de risques mortels, ou encore par des actes manqués à l'issue tragique.

Deuxièmement, la tentative de suicide comme réponse à un deuil ou comme punition d'une culpabilité. On sait combien il est difficile au premier abord de distinguer ce qui renvoie à une organisation mélancolique ou bien à un travail effectif de deuil saisi en ses premiers moments. Or, tout adolescent a à effectuer un travail de deuil de par les transformations de l'image du corps et de la relation à l'autre ; une phase dépressive ou d'allure dépressive — cette « morosité » que décrit Pierre Mâle [7] — n'étant pas nécessairement signe d'une vraie mélancolie.

Là aussi, le diagnostic (névrose obsessionnelle/mélancolie) n'entraîne aucun pronostic, pour autant que la morosité caractérise, dans ses formes comme dans ses effets à court terme, des sujets névrosés autant que des sujets psychotiques. Seule l'analyse du type de deuil auquel se confronte le sujet permettra, dans un temps second, l'urgence étant dépassée, de préciser dans un sens ou l'autre ce diagnostic.

Enfin, troisième catégorie, les tentatives de suicide ou les comportements suicidaires rationalisés comme recherche d'une jouissance. D'une part, l'adolescence est l'âge qui expérimente toutes les jouissances possibles au-delà de la jouissance sexuelle ; il suffit d'évoquer, en marge des suicides caractérisés, les morts par overdose. D'autre part, dans la mesure où l'Autre perd de ses ancrages symboliques et imaginaires — dans les figures parentales —, il y a précipitation dans le Réel, réel quotidien, au sens commun, lieu de tous les dangers, où la consistance de l'Autre est recherchée et testée.

Dans maint discours d'adolescents, surtout suicidaires, on retrouve l'évocation de ce monde à la fois édénique et monstrueux, présymbolique, préhistorique et utopique, voire apocalyptique et messianique, et qui, à défaut d'être imaginable, est le lieu où le précipite le passage à l'acte. Là est la plus grande proximité avec la psychose : naître et mourir revient au même. Une adolescente me disait qu'elle n'était allée à l'hôpital que deux fois : à sa naissance et après une tentative de suicide qui l'avait laissée comateuse durant deux jours.

C'est cette précipitation dans le Réel qui me semble animer, en dernière analyse, tous les passages à l'acte de l'adolescence. Ils doivent d'abord être considérés en tant que tels, la plupart du temps. Ces passages à l'acte ne peuvent être « réinterprétés », après coup, que par un travail de « re-symbolisation » par la reconnaissance de leur place dans une histoire pour autant qu'un tel travail soit possible, c'est-à-dire qu'il n'y ait pas installation dans la psychose.

A un niveau phénoménologique, l'agir de l'adolescent, agir exemplaire dans le suicide car sa valeur d'acte est irréductible, ne permet pas de différencier névrose et psychose ; ce que dit l'adolescent sur ses propres actes nous laisse le plus souvent dans la même incertitude diagnostique, sauf à se fier à une intuition trompeuse. C'est seulement dans un premier temps de l'analyse, avec la mise en place du transfert, c'est-à-dire selon la place donnée à l'interlocuteur, dès les premières rencontres, que pourra se mesurer la valeur subjective de cet acte : soit que le sujet — alors névrosé — articule demande et désir comme siens, soit qu'il souligne qu'il obéissait à une injonction venant d'un ailleurs insituable. Le mode sur lequel il viendra à la fois produire et contester la fiction du « sujet supposé savoir », dans un transfert imaginairement double, « positif » et « négatif », est alors déterminant, pour autant que l'analyste ne vienne pas incarner le surmoi sous son double aspect, répressif et consolateur.

La question du diagnostic de psychose

Phénoménologiquement, le processus de l'adolescence rapproche le sujet de la psychose, et le psychiatre, de par ses modes d'intervention (hospitalisation, pharmacopée, entretiens réparateurs), peut, et doit peut-être, se contenter de cette proximité pour aborder les phénomènes aigus ; ainsi, par exemple, dans l'urgence une bouffée délirante se traite de la même façon, comme psychose aiguë, quelle que soit la structure subjective.

Seule une éventuelle indication d'analyse exige une différenciation nette et précoce, donc une théorie apte à l'effectuer. Quitte à se retourner vers la psychiatrie : une psychopathologie affinée permettrait d'éviter d'une part la psychiatrisation de patients névrosés, à la suite d'une manifestation paroxystique de la crise d'adolescence, d'autre part l'imposition de la règle fondamentale à des sujets psychotiques, ce qui risquerait de ne produire qu'un effondrement dramatique.

2. Histoires d'adolescents

Il serait possible de prolonger ce parallèle entre l'adolescence et la folie. Mais je ne cherche ici qu'à pointer la difficulté d'un diagnostic différentiel face à certaines manifestations folles à cet âge de la vie. Dans les quatre expériences que je vais rapidement présenter, je soulignerai l'importance d'une théorie à la fois de l'entrée dans la psychose à l'adolescence, et des débordements névrotiques.

René ou la désorientation

René, quinze ans, fils unique, m'est d'abord adressé pour des problèmes en apparence minimes, simplement scolaires. Je ne l'ai rencontré que trois fois, en 1979, la mère refusant toute démarche psychothérapeutique pour son fils ; elle-même était suivie, par ailleurs, par un psychiatre. Quelque temps après ces entretiens, René était hospitalisé avec le diagnostic de schizophrénie hébéphréno-catatonique.

Élève moyen, mais sans grandes difficultés jusqu'alors, René a inquiété son professeur de mathématiques par son incompréhension de la géométrie dans l'espace, ainsi que son professeur de dessin par son incapacité à intégrer la perspective, alors qu'il était brillant dans les représentations planes. Et surtout, il répondait aux remarques de ses professeurs en soutenant ses « erreurs », sans comprendre leurs critiques, et en se justifiant par des propos qui leur avaient semblé « bizarres ».

L'enquête faite à l'école soulignait chez René un certain « repli » sur lui-même, accentuant un isolement qui passait naguère pour de la timidité ; des difficultés, également, s'accusaient depuis peu en gymnastique, aussi bien dans l'inadaptation de ses mouvements que dans un malaise corporel dont la cause était attribuée à la puberté et qui était daté du moment où, l'an dernier, il avait brusquement grandi. Un bilan psychomoteur avait confirmé un désordre important de l'image du corps et laissait éventuellement supposer une gaucherie contrariée, non vérifiée dans l'anamnèse et les entretiens avec la mère.

La mère, que je reçus deux fois, en présence de René, s'inquiétait peu de ces déboires scolaires. Elle se souvenait que René, plus jeune, avait eu quelques difficultés diverses, en particulier dans l'acquisition de l'écriture, mais, dit-elle, « il pouvait s'appuyer sur moi alors que j'ai tout oublié de la géométrie ».

Elle raconte alors que, pendant quatre ans, elle a habité loin d'ici, avec son mari, et confié René à sa grand-mère paternelle ; « je revenais quelques jours dès qu'il y avait un problème avec René ». Ce sont précisément les problèmes scolaires mineurs de René, au cours préparatoire, qui l'ont décidée à « ne plus bouger ».

Infirmière libérale, elle se définit comme « une femme active » et surtout pas — je souligne dès maintenant cette formule — « une femme d'intérieur ». Son métier l'obligeant à circuler dans toute la ville, René l'accompagnait souvent dans ses circuits de fin d'après-midi, attendant devant la porte des immeubles qu'elle assure ses soins ; « mais maintenant il est trop grand ».

Quand elle évoque quelque maladresse de René, c'est pour insister sur le fait qu'il décevait par là son père « qui a tout bricolé à la maison ». Elle parle d'ailleurs facilement d'un conflit permanent avec son mari qui aurait provoqué chez elle une « dépression nerveuse », pour laquelle elle a été hospitalisée, précédemment, pendant trois semaines. Ils ont fait construire une maison et les disputes tournent autour de cela : d'une part, parce que le père investit son temps et son argent dans des modifications successives et des améliorations qu'elle n'apprécie pas, d'autre part, parce qu'elle souhaiterait « sortir », « voyager » et que le père est « casanier ».

A la dernière rencontre, quand elle vient, seule, m'annoncer qu'elle a choisi d'arrêter de venir ou de laisser venir René et de lui faire plutôt donner des cours de maths, et que je pointe, un peu dans l'urgence, le rapport possible entre les problèmes de René dans l'espace et ce qu'elle a pu me dire, elle réagit violemment : cela, dit-elle, lui confirme que je suis complice de son mari, et surtout de son psychiatre (je ne le connais pas), et qu'elle ne veut pas qu'on « l'enferme », elle.

Quelque temps plus tard, quand il y eut un véritable effondrement psychotique de René, inauguré par une période de mutisme total, elle s'engagea très vite dans un militantisme actif dans une association de parents de malades mentaux. Je n'ai pas eu connaissance de la suite des événements.

Des entretiens avec René, je retiendrai un dessin, malheureusement égaré depuis, fait à la première séance et autour duquel son discours s'articula. D'autres dessins du même type confirmèrent la lecture que je présente.

Ce dessin représentait une maison, non pas plane, comme elle peut être figurée par l'enfant, mais, pour l'observateur que j'étais, selon plusieurs systèmes de représentation perspective superposés, voire inversés, le point de fuite changeant de « place » au fur et à mesure du tracé. De ce dessin, qui était très « enjolivé », même en noir et blanc, je reproduis la figure simplifiée.

Le récit de René suivait chaque trait du dessin : « Le chemin pour y arriver... le chemin qui part de l'autre côté... j'entre dans la maison... il y a deux fenêtres..., etc. »

Ce qui caractérise ce dessin, sans intérieur ni extérieur, c'est que le point de fuite n'est pas fixe mais bouge en fonction de la place supposée du dessinateur, non pas hors mais dans le dessin. Ainsi « entré » dans la maison, il dessine les fenêtres « vues » de l'intérieur.

En fait, loin d'être aberrant, ce dessin, très construit, combine des espaces géométriques perspectivement représentés pour aboutir à un espace topologique ouvert et non fermé.

Le plus troublant, c'est qu'il était satisfait de ce genre de dessin, en définitive très rigoureux dans son tracé, et tenait un discours justificatif, associant au dessin des mouvements de son corps. Par exemple, il mimait, assis, une marche, en disant : « j'entre dans la maison ». Au fur et à mesure, il pointait son crayon en indiquant : « je suis là », et quand, une fois, je lui

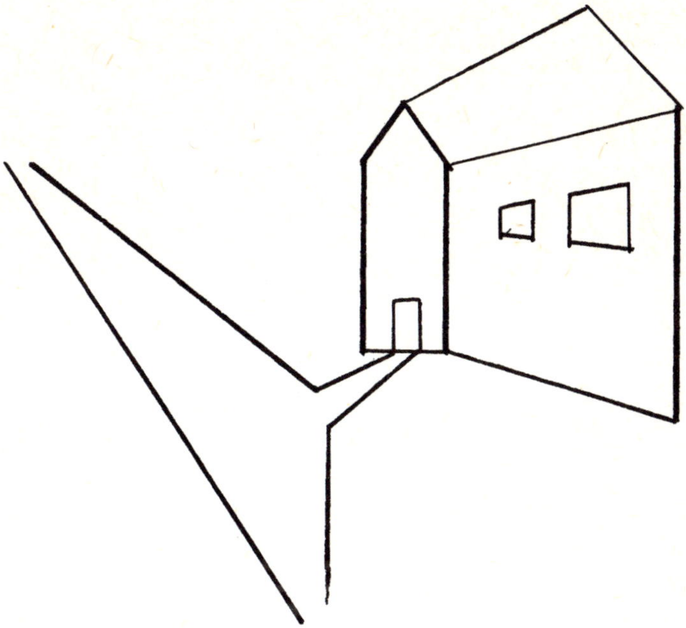

demandai si c'était lui-même qu'il dessinait, il me répondit : « c'est là qu'on regarde ». Je dois préciser que j'étais, à l'occasion, assez mal à l'aise et suis resté aussi prudent que possible.

A la question de ce qui est petit et de ce qui est grand, il répondait avec, d'une certaine façon, beaucoup d'intelligence, en sachant que cela mettait en cause notre espace perspectif ; cette question le renvoyait à un moment récent : « on » — ce « on » restait totalement indifférencié —, on lui disait que, maintenant, il était « grand ». Il associait cela spontanément avec le constat que, depuis quelques mois, il était plus grand de taille que sa mère.

Cette mise en rapport avec le père ou la mère est assez banale chez les adolescents qui mesurent, au prix d'une dépréciation des idéaux parentaux, à quel point ils doivent nécessairement s'inventer d'autres idéaux ; mais, chez lui, plus qu'une revendication, une révolte, plus même qu'une dépression, cela provoquait un véritable désarroi.

L'absence d'angoisse en réponse à ce désarroi et la certitude avec laquelle il circulait « dans » le dessin guidèrent mon diagnostic, qui fut confirmé par la suite des événements, quant à une évolution psychotique. Le refus de la mère que René continue à venir, même seul, m'interdit de tenter quoi que ce soit, même si je pense, après coup, que cette évolution était déjà irrémédiable.

La représentation de l'espace à trois dimensions et l'intégration des systèmes de perspective à l'adolescence, parallèlement à la représentation des ombres — un autre des dessins de René déviait de la « norme » dans ces représentations —, traduisent dans l'Imaginaire (les aptitudes moïques) la possibilité pour le sujet, en fonction de sa structure, d'intégrer des exigences symboliques nouvelles, en particulier celle de l'infini ou plutôt des infinis (calculables ou non, représentables ou non).

Cette intégration, intellectuelle et affective, réactive un temps, dont Piaget donne la logique : si l'enfant réduit l'espace topologique, dans lequel il circule comme un objet, à un espace géométrique ordonné par des repères, l'adolescent est quant à lui projeté dans un nouvel espace qu'il lui faut réordonner.

Ainsi, trois pathologies prennent, à l'adolescence, une forme souvent spécifique, directement associée à ce désordre spatial ; premièrement, la phobie — dont le versant spatial prévaut alors sur le versant objectal — : le sujet rencontre sur son parcours des lieux de perdition, mais réussit à répondre par de l'angoisse. Deuxièmement, ce qu'on range sous la rubrique de la psychopathie : le monde repéré, ordonné, ne laisse aucune place d'ancrage au sujet qui reste précisément le lieu même de l'irreprésentable, du non-symbolisable, les « solutions » de passage à l'acte délinquant pouvant cette fois y répondre. Troisièmement, l'hébéphrénie : le monde même ordonné ne peut permettre au sujet d'imaginariser la différence sujet/objet, selon celle de l'intérieur et de l'extérieur.

Si l'adolescence est bien après-coup du stade du miroir, temps d'appropriation du regard de la mère, c'est le moment privilégié où ce qui avait pu être construit d'image du corps, sur un mode qu'on peut dire en écho de la mère, où ce qui avait permis une certaine insertion dans le monde, un monde qui n'est pas le sien, où cette architecture fragile peut être ruinée. Les bouleversements qui s'opèrent alors, en particulier dans le statut de l'image du corps, la cassure nécessaire au franchissement de l'adolescence suivent une ligne de fracture sans doute déjà là.

Pourquoi l'effondrement psychotique a-t-il fréquemment lieu à l'adolescence ? On connaît la réponse lacanienne : parce que, alors, est mis à l'épreuve un signifiant qui fait défaut, le Nom-du-Père. Mais aussi parce que l'adolescence est le moment logique où le sujet doit nécessairement s'approprier imaginairement le symptôme qu'il était dans le discours des parents ; enfin, pour certains sujets, parce qu'il peut y avoir eu suppléance provisoire pour permettre un certain accès au Symbolique, une normalité fragile, assurée en particulier par la mère, jusqu'à l'épreuve de l'adolescence.

Concernant René, on peut émettre l'hypothèse que la mère, tout en ayant sinon éloigné du moins laissé à l'écart le père — que je n'ai pas pu rencontrer —, venait soutenir René à chaque défaillance, en l'accompagnant ou en le laissant l'accompagner dans sa tournée — l'accompagner vers un dehors qu'aucun dedans positif ne relativisait. Dans l'enfance de René (de deux à six ans, à peu près), elle n'était là qu'à des moments critiques ; j'avais noté son esquive dès qu'il s'agissait d'évoquer sa grossesse et la première année de son fils.

On pourrait dire que, sur de multiples plans, la distinction dehors/dedans s'est effectuée directement en étayage sur la mère, non pas en fonction d'un espace transitionnel qui peu à peu s'organiserait, non dans un *fort-da* symbolisable, mais dans une présence-absence réelle qui n'aurait fondé aucune logique symbolique ouvrant l'espace imaginaire où le moi trouve place.

La survalorisation de la mère n'aurait pas résisté aux épreuves de la puberté puis de l'adolescence, c'est-à-dire à la fois à la perception d'un autre rapport avec le monde des « grands » et aux exigences d'une pensée formelle. Lâché par ce fragile repère dans ses identifications, René ne pouvait que se retrouver errant, dans le dessin puis dans le monde.

Reste la question de savoir, non pas si un étayage sur le « moi » de l'analyste aurait permis de relayer ce repérage — ce n'aurait été que prolonger quelque temps une organisation toujours prête à défaillir —, mais si une interprétation portant plus immédiatement sur les espaces en jeu, donc sur l'image du corps, aurait donné à René les moyens d'utiliser autrement sa « conception du monde ».

Frank, une inquiétante étrangeté

La seconde histoire m'a été rapportée par un analysant adulte, fils de médecin ; je dirai simplement que, lorsque je l'ai rencontré, il était banalement obsessionnel [8]. Je l'appellerai Frank.

Il avait, lors de l'épisode qu'il m'a raconté, dix-sept ans. Je reprends les éléments qu'il associait. Il venait de clôre un journal intime, dont l'un des thèmes était sa crainte, injustifiée, que ses organes génitaux ne soient défaillants, en particulier du fait de la dissymétrie des testicules. A la suite de ses premières expériences sexuelles, qui furent satisfaisantes, il avait décidé, sans savoir s'il recommencerait un autre journal, de fermer celui-ci ; il lui était venu alors de lui donner un titre : « Journal de Frankeinstein ».

Le « Einstein » de ce titre évoquait une figure valorisée déjà par ce brillant élève. Ce n'est que bien plus tard, en analyse, qu'il repéra l'autre élément : le Frank ; cet élément provenait de sa lecture, quelque temps plus tôt, du *Journal* d'Anne Frank. Juif venu d'Algérie quelques années auparavant avec ses parents, il avait été agité par les questions de l'exil et de la déportation. Sur un autre plan, dans l'après-coup et en relation au transfert, il souligna que Frankeinstein n'était pas le nom du monstre, mais celui du docteur qui le crée.

Quelques jours après cette décision (le rapprochement est de lui), voulant accomplir une « prouesse sexuelle », il voulut mettre à l'épreuve un truc qu'il avait lu ou entendu il ne savait plus où, selon lequel badigeonner le pénis de jaune d'œuf renforçait la puissance sexuelle. Il ressentit après cela, dit-il, des picotements désagréables.

Le soir, il devait rencontrer son amie dans un café pour aller à une soirée. Une bouffée délirante se déclencha soudainement, se prolongeant sur quatre ou cinq jours : d'un seul coup, il vécut une distorsion du temps — comme cela se produit parfois avec les hallucinogènes, dont il n'avait jusqu'alors pas fait l'expérience. Il avait l'impression d'être dans un temps décalé par rapport au temps des autres, incapable de distinguer entre ce qu'il disait tout haut et ce qu'il pensait tout bas. Il était convaincu que tout le monde l'entendait proférer des insanités, dans la mesure où la distinction pensée/parole était celle de deux temps différents : dès qu'il pensait à un rythme « plus lent », cette pensée devenait parole, tandis qu'accélérer sa parole la transformait en pensée. En fait, selon le témoignage de son amie, il n'avait alors rien dit de scandaleux et était plutôt resté mutique, mis à part un murmure inaudible qu'il pouvait émettre.

La suite des événements était pour lui assez confuse. Il se souvenait d'être allé à la soirée ; puis d'autres thèmes s'étaient mêlés à ceux qui persistaient : d'abord, le sentiment que, du fait de ce décalage temporel, son corps se détériorait, les rythmes respiratoires et digestifs étaient perturbés ; et ce décalage se justifiait pour lui de ce qu'il allait mourir. Ne parvenant pas à le rassurer, son entourage appela un premier médecin. Mais Frank ne se souvenait plus de ce qui s'était alors passé, sinon qu'il y avait eu une accalmie dans cette crise, avant même l'arrivée du médecin, et que celui-ci après l'avoir examiné était reparti sans rien prescrire.

Cette visite eut pour effet de réorienter son délire sur des thèmes plus directement sexuels : la distorsion du temps était l'effet d'une castration chimique due à son badigeonnage.

Au matin, la bande le ramena chez ses parents qui appelèrent un autre médecin. Des neuroleptiques furent prescrits et les moments aigus s'espaçant, les mêmes thèmes persistant quelques jours, par crises — on peut penser aux effets de « flash back » des hallucinogènes —, l'épisode s'arrêta.

Il n'y en eut jamais d'autres. Si ce n'est une crise selon lui très semblable, pendant quelques heures seulement et sans trop de conséquences subjectives, quelques mois plus tard, après une prise de LSD.

Mais pour Frank il y avait désormais un avant et un après cet événement. Il put prendre des décisions importantes pour son avenir professionnel, choisissant contre l'avis de ses parents une carrière scientifique de recherche. C'est seulement après son mariage, six ou sept ans plus tard, que des symptômes névrotiques assez légers se développèrent et qu'il entreprit une analyse.

Sur cet épisode, je ferai plusieurs remarques, m'appuyant sur les constructions que Frank put après coup produire dans sa cure, et, d'autre part, sur ce que H. Collomb a élaboré à propos des bouffées délirantes en Afrique [9], quant à un rapprochement entre ces crises et les processus d'initiation.

Au moment du déclenchement de cet épisode, Frank clôt, pourrait-on dire, un chapitre de son histoire, en titrant d'un nom monstrueux son journal intime. L'entrée dans la vie sexuelle est vécue par lui en rupture avec l'enfance, et contre le monde qui était alors le sien, ce qui se manifeste de deux façons. Premièrement par le rôle imaginairement donné à l'opération du badigeonnage du pénis : recherchant une toute-puissance sexuelle, il rencontre une castration et ce d'autant plus qu'intervient le médecin venu procéder à un examen clinique. Deuxièmement par l'impression de distorsion temporelle : alors que l'expérience est banale, que le temps s'accélère progressivement avec l'âge, il y a pour Frank, brutalement, confrontation de deux temps vécus, celui lent de la parole, celui rapide de la pensée, ces deux temps étant eux-mêmes en rupture avec le temps des autres, supposé temps objectif. Loin d'être secondaire, cette modification de la temporalité et du rythme — qui n'est pas sans rapport avec certaines manifestations plus discrètes, mais voisines, dans les névroses obsessionnelles — me semble primaire, dans cet épisode.

L'adolescence est un âge privilégié, hors la psychose, pour que l'« inquiétante étrangeté » que peut vivre le sujet le soit sous la forme de paramnésies, syndrome de Korsakoff, impression de déjà vu, déjà vécu. Si l'adolescence est, sur un de ses versants, temps de récapitulation de l'enfance, comme le souligne Françoise Dolto, ce n'est pas sans affecter, non seulement les contenus mnésiques, mais aussi le fonctionnement même de la mémoire, de la mémorisation, dans son rapport à la temporalité ; au point qu'une amnésie partielle peut porter sur cette période de l'adolescence, où se confirme l'amnésie infantile. Age privilégié des souvenirs-écrans, sous la forme parfois d'épisodes clastiques, l'adolescence introduit le sujet à une autre logique du temps : si le temps de l'enfance est celui de la promesse, alors que le temps de l'adulte implique une nostalgie, le heurt entre ces deux temps laisse le sujet incertain, « projeté hors du temps [10] », ce qui peut expliquer certaines expériences de déréalisation dans l'adolescence.

Dans ces moments de crise, comme dans les moments aigus consécutifs à une prise d'hallucinogène, l'attitude la plus adéquate, dans l'urgence, n'est sans doute pas de contrer cette crise, mais de l'accompagner en la positivant, c'est-à-dire en légitimant les questions soulevées en acte, au-delà du ludique. Il est alors possible de concevoir une attitude clinique, à partir de cette assimilation de la bouffée délirante à une initiation — et de ce « hors-temps » à un temps de processus singulier —, même si, de fait, un processus d'initiation peut aussi échouer, et introduire à la folie.

Germaine, la recherche du père

La troisième histoire est celle d'une jeune fille de dix-neuf ans que je nommerai Germaine. Une personne s'occupant d'elle quasi institutionnellement (service de suite d'un hôpital) lui avait conseillé de venir me voir. Elle avait refusé, mais noté mon nom. Quelques mois plus tard, elle téléphona pour un rendez-vous.

Depuis un certain nombre d'années, un diagnostic de psychose avait été porté, à la suite d'une fugue à quinze ans. On l'avait retrouvée après peu de jours dans un état confus, perdue dans une autre ville et victime d'une amnésie partielle. Depuis, elle était suivie psychiatriquement, avec quelques hospitalisations ; elle était à Montpellier depuis quelques mois seulement, arrivée après sa dernière hospitalisation. La combinaison d'éléments dépressifs, de passages à l'acte, délictueux en particulier, d'échecs scolaires, d'épisodes confus brefs, aurait d'ailleurs assez bien correspondu au tableau clinique d'« état-limite ».

A la première rencontre, sa demande se formule ainsi : « Je voudrais être secrétaire, parce que je sais taire les secrets, mais je fais trop de fautes quand j'écris ; vous aussi vous savez taire les secrets et vous ne faites pas de fautes ; il faudrait que vous m'appreniez, que vous me preniez », ou, un peu plus tard : « Je ne me tiens pas bien, c'est le mien de problème ». Elle avait une allure un peu débile, gauche dans ses mouvements et dans son élocution. Mais ses jeux de mots, quasi délirants, suivaient un enchaînement très compréhensible et elle les accompagnait d'une intonation humoristique ; elle doublait chaque plainte d'un jeu de mots, mais revenait tout de même à chaque fois à une formulation cohérente.

Sa mère, racontait-elle, l'avait élevée seule ; son père était parti dès après sa naissance travailler en Allemagne, ou plutôt était retourné travailler en Allemagne, puisqu'il y avait passé une partie de la guerre, et n'était jamais revenu. L'une des particularités de ce couple parental était que, sans lien de parenté repérable, les deux parents portaient le même nom, d'ailleurs assez commun.

C'est seulement au bout de six ou sept rencontres, constatant que je n'avais pas fait signe à la personne qui l'avait adressée à moi et qui était en contact avec sa mère, qu'elle évoqua son père. En fait, il était bien parti à sa naissance, mais, jusqu'à ce qu'elle ait sept ou huit ans, il était revenu pendant chaque période de vacances. « Mais j'ai toujours menti, parce que c'est un salaud. » La mère allait dans le même sens et confirmait cet abandon précoce fictif.

Germaine alors évoqua ce qui correspond à la première scène de séduction, telle qu'en parle Freud à propos de l'hystérie : son père, quand elle avait quatre ou cinq ans, l'avait amenée seule à la plage, sans avoir prévu de maillot pour elle, et avait exigé qu'elle se déshabille, ce qui allait à l'encontre de la pruderie à laquelle la mère initiait l'enfant ; ce même jour il lui avait dit, je cite, « du mal de sa mère ». Elle l'avait depuis revu, mais datait de cette année-là la rupture entre ses parents.

En suivant ce que Freud dit des deux scènes de séduction, la première dans l'enfance, la seconde à l'adolescence, on pourrait avancer que la seconde scène a été remplacée par la fugue, à quinze ans, dans le registre d'un passage à l'acte. Ce que, péniblement et par fragments, Germaine put associer, autour de cette fugue, concernait une altercation avec sa mère ; cette altercation s'était conclue par un « voilà pourquoi il est parti » dont Germaine ne savait plus qui l'avait proféré, d'elle ou de sa mère, quelques jours plus tôt.

En deçà de la question du diagnostic individuel, je rapprocherai cette histoire d'autres pathologies, de fugues en particulier, d'adolescent confronté à un moment à l'appropriation double de leur histoire personnelle et d'une histoire, sinon collective, du moins familiale, et passant à l'acte à défaut de réussir cette opération. Ainsi, une jeune femme, rencontrée lors d'une présentation clinique [11], présentait une pathologie nettement psychotique : allemande, elle ne pouvait rien dire de son passé d'enfant, sinon évoquer, en réponse à une question, son père « né en 1914 » et « fonctionnaire », sans autre précision ; adolescente, elle avait décidé de partir en France, où ses parents ne pouvaient venir la voir parce que « en train c'est trop loin » ; chez elle, elle avait amoncelé les immondices, ce qui avait justifié son internement et le placement de son fils. On sait aussi comment — 68, ce fut aussi cela — l'appropriation individuelle de l'histoire collective, où le père fait jonction, fut difficile pour toute la génération de l'après-guerre, celle du « nous sommes tous des Juifs allemands ».

Au-delà des manifestations pathologiques qui avaient justifié à propos de Germaine le diagnostic de psychose, je risquai celui d'hystérie, ce que confirma la suite de sa cure ; je considérai en effet sa « folie » comme secondaire, comme une tentative d'effacer ce qui de l'opération Nom-du-Père avait eu lieu, en se « mettant en scène » dans un passage à l'acte, là où elle ne réussissait pas à voir la scène, à réduire les protagonistes à leur fonction symbolique et imaginaire. Folie, certes, mais pouvant n'être que transitoire, jusqu'à ce que, au détour de l'analyse, pendant des vacances, elle retrouve les traces de son père et apprenne qu'il était mort, peu de temps après leurs dernières rencontres. « J'y avais pensé », avoua-t-elle, déployant alors une mythologie de l'abandon, classique dans l'hystérie.

L'adolescence, moment de choix entre psychose et névrose

Pour des raisons de discrétion, je limiterai un quatrième type d'observations à quelques remarques concernant des cures en cours, longues et difficiles.

Il est des sujets pour lesquels peut être porté, provisoirement, le diagnostic d'état-limite, et qui se caractérisent, adultes, d'être restés en arrêt à l'adolescence, sous l'effet d'un événement traumatique (du moins tel qu'il est rationalisé), qui peut avoir déclenché un « breakdown » au sens que lui donne Moses Laufer [12]. Ces patients se caractérisent par une indécision qui ressortit plus d'un retrait hors du monde, de type schizophrénique, que d'un doute obsessionnel, qu'ils peuvent aussi formuler. Fréquemment, des séjours en institutions psychiatriques ponctuent un état qu'on pourrait définir comme celui d'une attente sans demande, pouvant se manifester pathologiquement, soit par des conduites psychopathiques, parfois à la limite de la clochardisation, soit par le maintien d'une position infantile dans le milieu familial.

A chaque fois, dans l'anamnèse, peut être repéré un événement ou un discours qui a oblitéré l'image du père. Dans un cas, la mise en avant des maladies infantiles, auxquelles le père, médecin, ne prêtait pas attention, avait été, à l'adolescence, condensée dans le rappel d'une opération nécessitée par une ectopie testiculaire, opération réussie qui avait laissé ce père indifférent ; après quelques relations sexuelles satisfaisantes, le jeune homme avait renoncé à tout rapport à l'autre sexe, et ponctuait une vie d'errance et d'incertitude par quelques épisodes hypocondriaques. Dans un autre cas, le père, ayant en charge sa propre mère résidant dans le voisinage, n'investissait pas le domicile conjugal et laissait toute la place à une mère sinon violente, du moins vindicative, qui était en revanche survalorisée ; ce patient, sans repères sociaux extérieurs (ni travail, ni amis, ni relations sexuelles), oscillait entre le domicile de ses parents, celui de sa grand-mère paternelle, et une clinique psychiatrique où travaillait, dans l'administration, son oncle maternel.

Quand j'ai pu entreprendre un travail analytique avec ces patients, rencontrés quand ils avaient dépassé l'âge socialement défini comme celui de l'adolescence, les cures se sont effectuées, dans un premier temps du moins, « comme » des analyses d'enfants : elles incluaient, par exemple, la médiation du dessin ou de la pâte à modeler, et pouvaient impliquer la présence des parents, surtout quand les patients venaient accompagnés dès les premiers entretiens. Une cure, menée sur ce mode, a produit des résultats suffisamment positifs pour tenter de rendre compte de cette pratique peu orthodoxe, même si, en l'occurrence, il est difficile de déterminer la part prise dans cette amélioration par l'analyse et par la modification, dans la réalité, de l'organisation familiale ; cette cure se poursuit actuellement sur un mode plus classique, et le patient manifeste à ce jour une symptomatologie névrotique.

Dans ces histoires d'adolescents, n'a pas eu lieu une forclusion du Nom-du-Père, au sens où irrémédiablement aurait eu lieu un rejet de l'ordre symbolique. Mais il y a une suspension de l'orientation vers la névrose ou la psychose. Le sujet est ainsi laissé dans une incertitude, proche de l'autisme quant aux mécanismes qui permettent, plus ou moins bien, de gérer cette période, ce délai avant le « choix » de la structure.

Ce temps d'attente, de suspens, on pourrait dire de latence, n'est pas incompatible avec une enfance qui peut apparaître normale. Enfant « en plus », beaucoup plus jeune que ses frères et sœurs, un des patients évoqués ci-dessus semblait bien, à ses parents, plus solitaire, timide, « réservé », diront-ils joliment, mais c'est plus tard, au moment dit d'« entrée dans la vie », qu'apparaissent des difficultés d'adaptation et de décision.

Cela se conçoit si l'adolescence se définit comme ce temps, logiquement nécessaire, après coup, où à la fois se valident et s'imaginarisent l'entrée du sujet dans la structure et l'appropriation du symptôme comme sexuel : un temps de confirmation — comme cette confirmation marquée dans la tradition catholique, par une « gifle du père » — de ce qui s'est joué beaucoup plus tôt comme constitution du sujet.

Certains, qui peuvent donc être qualifiés de *borderline*, restant à la limite de cette décision, en arrêt devant les exigences qui s'imposent à l'adolescent, peuvent alors basculer, selon l'économie des pressions internes et externes, vers la névrose ou vers la psychose. Si l'adolescence implique un tel « choix », la différence de nature et de pronostic entre les psychoses de l'enfant et celles de l'adulte pourrait trouver quelques éléments d'explication, ainsi que la proximité entre l'adolescence et la folie.

3. Adolescence et diagnostic de psychose

De l'hébéphrénie ou de la schizophrénie à l'adolescence

Qu'en est-il des effondrements psychotiques à l'adolescence ? Avancer que ce qui déclenche un tel effondrement, c'est la rencontre d'un signifiant qui ne peut trouver place dans une chaîne signifiante, parce que forclos, est certes soutenable. Mais cela rend plutôt compte d'une constitution paranoïaque que de cette hébétude, cette perte d'orientation, cette désorganisation spatio-temporelle, repérées dans ce qu'on désignait naguère comme hébéphrénie, émergence à l'adolescence d'une schizophrénie.

Dans ce cas, ce qui semble déterminant, c'est cet effet d'après-coup du stade du miroir : le sujet, qui a pu se maintenir dans le regard et la voix de la mère, se confronte à l'impossibilité d'une appropriation. Il n'est pas alors pris dans le monde, prisonnier du monde, où il projetterait tout ce qui lui advient, mais projeté hors du monde, dans un dehors absolu ; c'est le drame de René.

Si, pendant le temps de l'enfance, le sujet peut fonctionner étayé sur le regard et la voix de la mère, ou plutôt un voir et une invocation qui ne sont pas détachés comme objets, c'est quand la notion d'infini est exigée qu'un effondrement virtuel se réalise ; du fait que cet infini continu, réel, n'est pas scandé par du signifiant, qu'aucune discontinuité ne laisse place à du sujet, représenté par un signifiant.

C'est ainsi que certains effondrements psychotiques peuvent d'abord apparaître, à l'adolescence, proches de la phobie, puisque ce sont des angoisses proches de celles des phobies d'espace qui viennent en constituer les phénomènes élémentaires. Mais le plus souvent, alors, sauf à s'engager dans des pathologies qui masquent la psychose (toxicomanie, délinquance, par exemple), le plus inquiétant est que ces angoisses laissent place à ce qui est justement désigné comme une « indifférence ».

Bouffées délirantes et folies hystériques

Qu'en est-il alors des bouffées délirantes qui ne signent pas l'entrée du sujet dans la psychose, mais restent isolées dans une histoire névrotique ?

Sans doute pourrait-on considérer ces bouffées délirantes comme des rites d'initiation privés, dans le même sens où la névrose obsessionnelle est pensable, pour Freud, comme une religion privée. C'est en cela que se rapprochent de ces épisodes aigus les expériences hallucinogènes artificielles, à distinguer des toxicomanies, qu'une même logique d'initiation anime.

L'adolescent, en effet, doit franchir un cap entre la constitution métaphorique du Nom-du-Père que les parents étayent et la validité structurante, par-delà le père de famille, de cette paternité qui organise le monde humain. Ce qui peut aussi bien déclencher une bouffée délirante que se manifester dans cette passion mystique, ce retour au religieux, qu'on rencontre chez nombre de jeunes.

Sur l'autre versant des névroses, l'hystérie, de par la spécificité du rapport de la fille au père de la réalité et au Nom-du-Père [13], induit des états dont la tournure est apparemment psychotique. Ainsi, il n'est pas rare que des adolescents évoquent une histoire amoureuse sur un mode voisin de l'érotomanie, et que le diagnostic différentiel entre hystérie et paranoïa soit difficile.

Dans ces manifestations de « folie névrotique », ce qui se produit n'est pas à proprement parler une forclusion du Nom-du-Père, mais un effacement, provisoire ou durable, de ses effets. Le critère différentiel, outre le fait que le moment critique cesse de lui-même sans se répéter ultérieurement, c'est que persiste le plus simple résultat de l'inscription névrotique du Nom-du-Père : la possibilité d'entretenir, dans la relation transférentielle, une relation à un autre qui ne soit pas uniquement conçu comme persécuteur. C'est le mode sur lequel est abordé l'autre, spécifiquement le thérapeute, qui permet le diagnostic, dans ce temps d'« évaluation » qu'évoque Moses Laufer.

Les états-limites

Une fois écartées les constructions névrotiques sur une structure psychotique (ritualisation d'allure obsessionnelle, hystérisation de la relation à l'autre ou focalisation phobique) et les manifestations folles d'une structure névrotique, restent quelques cas où le diagnostic phénoménologique d'état-limite résiste à l'analyse, et précisément avec l'adolescent. Bien sûr, l'une des réponses consiste à mettre en cause la lucidité clinique de l'analyste ; réponse orthodoxe d'un point de vue lacanien, au point que tout ce qui apparaîtrait comme résolution d'une pathologie psychotique chez l'enfant et l'adolescent provoquera la réplique immédiate : si une psychose guérit, c'est que ce n'était pas une psychose. Je rejoindrais cet avis pour nombre de situations — y compris de celles que j'ai pu rencontrer avec des enfants —, à une réserve près, mais de taille, concernant à la fois l'autisme infantile et certaines pathologies adolescentes.

En effet, aussi bien l'autisme précoce que certaines configurations pathologiques de l'adolescent apparaissent moins comme l'entrée dans une structure que comme un arrêt, un état « critique » devant la décision d'une orientation psychique, une incertitude subjective [14].

Concernant l'autisme, on peut supposer un « symbolique » embryonnaire, non encore déployé, donc continu et non marqué par la discrétion des signifiants ; et si, dans nombre de cas, quand il y a sortie de l'autisme, c'est vers la psychose, il arrive que ce soit vers la névrose [15]. Chez certains adolescents ou jeunes adultes, par contre, le Symbolique est constitué, mais la métaphore paternelle est, pourrait-on dire, en panne pour produire l'opération Nom-du-Père, bien que sa place soit tracée. Si l'on veut reprendre l'image du patronyme — ce n'est qu'une image, mais prégnante dans nos sociétés —, on dirait — et cela se constate dans la clinique — que ces patients n'ont qu'un prénom, voire éventuellement un surnom, mais pas de nom, et restent en suspens dans leurs identifications.

C'est à l'adolescence, artificiellement prolongée pour certains sujets, que définitivement le délai est passé. Car alors c'est au-delà de la métaphorisation paternelle, soutenue par la famille, et dans l'introduction d'un rapport possible à l'Autre sexe, que le Nom-du-Père doit fonctionner. Certains, encore en suspens, basculent d'un côté ou de l'autre, dès qu'ils perdent les moyens de proroger l'incertitude.

En fait la question est moins celle de l'effondrement éventuel, du « breakdown » de ces patients, que de comprendre comment ils ont pu « tenir debout » jusqu'à ce moment critique. Sans doute, là aussi, en s'appuyant sur le symptôme de l'Autre, plus précisément sur la mère, mais sur un mode qui maintient une incertitude plus qu'il n'engage dans une voie ou une autre.

Ce ne sont là que des hypothèses. Mais je suis convaincu que, dans de telles rencontres, il est nécessaire de dépasser une lecture mécaniste de la théorie psychanalytique.

V. La psychanalyse de l'adolescent

La fin de l'adolescence, pour moi, c'est vraiment l'acceptation du deuil d'abord des parents qui ne vous comprendront jamais, et celle d'être compris par le psychanalyste, qui ne peut faire que ce qu'il peut, le pauvre ! Le psychanalyste fait partie du deuil à faire de trouver des adultes qui peuvent vous comprendre [1].

F. Dolto

La prudence des analystes, voire leur réticence, à engager une cure avec des adolescents, n'était pas l'attitude de Freud. Les hystériques de Freud, celles qui lui permirent de fonder la psychanalyse, d'abord sous l'égide d'une théorie traumatique, furent souvent des adolescentes ou de très jeunes adultes. Freud précisera qu'un âge avancé fait contre-indication à l'analyse, mais il ne posera jamais un âge minimal, ni aucune réserve sur l'analyse des adolescents.

Françoise Dolto donne le sens de cette réticence. Le travail de l'analyste, fondé sur la relation transférentielle, le confronte à une difficulté immédiate qu'il partage sans doute avec tout professionnel ayant affaire aux adolescents : si l'adolescence est bien le moment de travail de deuil de la « compréhension des adultes », l'analyste doit, dès le début de la cure, accepter de devoir, un jour, être rejeté par l'adolescent, non comme un ennemi, mais comme un sujet quelconque ; d'autre part, il ne doit pas se réfugier derrière ce qui serait sa « compréhension de l'autre ».

Cela, certes, est tout aussi vrai dans l'analyse de l'adulte. Mais dans ce cas cette « déchéance » de l'analyste ne surgit qu'en fin de cure, alors que l'adolescent met tout de suite en jeu l'« être » de l'analyste et son aptitude à l'entendre autrement que les adultes de son entourage ; d'autre part, dès les premiers entretiens, le plus souvent, se manifeste le style adolescent du « tout ou rien », qui peut l'engager dans ce qui a été qualifié de « psychose de transfert » : ce style même contraint immédiatement l'analyste à répondre de sa place.

Dans la rencontre avec l'adolescent est accentuée la question de savoir d'où parle ou se tait l'analyste. Moins parce qu'il viendrait incarner du paternel ou du maternel — position qui l'orienterait, s'il s'y attachait, vers une orthopédie — que parce qu'il est, exclusivement ou alternativement, mis en place de déchet renvoyé à la « connerie » de l'adulte qui ne comprend rien, ou de nouvelle incarnation de l'Autre, hors génération ou ancestrale, selon les cas. Ainsi la relation analytique risque-t-elle, sans cesse, d'être pervertie vers une complicité instrumentale ou une maîtrise artificielle.

1. Place et rôle du psychanalyste dans la cure de l'adolescent

Serge Leclaire indiquait naguère, pour souligner la singularité de l'acte analytique, que « si l'analyste est à sa place, à une place, il n'y a plus d'analyse [2] ». Il n'y a plus d'analyse si l'analyste occupe une place, et même, ajouterais-je, quelle que soit cette place : pour autant que l'analysant renonce à l'en déloger et que, de son côté, l'analyste réduise sa fonction à celle, précisément, d'un « fonctionnaire », alors que la question du lieu d'où il parle devrait l'agiter sans cesse. Or, l'adolescent, du moins dans les premiers temps, tentera de mettre l'analyste à une place qui, de fait, interdirait l'analyse ou conduirait à cet échec fréquent chez l'adolescent que sont les « réactions thérapeutiques négatives » [3].

L'analyste considéré comme un adulte

Assez souvent, dans un premier temps, l'adolescent ne reconnaît à l'analyste aucune autre place que celle de n'importe quel adulte, également rejeté comme incapable d'entendre quoi que ce soit à sa demande. On pourrait dire que l'adolescent anticipe sur la fin de la cure, réduisant tout parcours possible au constat répété de cette banalisation à effet dépressif : l'analyste ne compte pas par la solidité de sa personne ; mais l'adolescent néglige que l'analyste ne compte que par son aptitude, provisoire, à permettre l'analyse. Et cela d'autant plus que l'adolescent, qu'il ait ou non manifesté un malaise en son nom, a été conduit par les parents, le médecin, l'école, chez une kyrielle de « spécialistes » qui se sont montrés tous plus compréhensifs les uns que les autres, soit sur le mode d'un « ça lui passera tout seul », soit sur le mode d'une inquiétude exagérée, voire d'une médicalisation intensive.

Ce premier mouvement de rejet de l'analyste par l'adolescent est aussi ce qui se manifeste dans certains mutismes, dont nous avons tous l'expérience. Rejet de cette logique quotidienne de l'adulte qui oscille entre le discours du type « ça ne va pas, il faut faire appel à quelqu'un qui en sache plus », et le discours fonctionnaire du type « il faut faire avec et occuper la place qui nous est octroyée ». Le rejet par l'adolescent de ces discours quotidiens ne peut se dire que par un refus de parler.

Comme le montre Françoise Dolto, dans la suite du texte cité en exergue, l'analyste, parfois, peut surmonter ce mutisme de l'adolescent en reconnaissant ce silence comme un dire venant interrompre le bruit du monde. Un dire et non un dit [4], un acte et non un symptôme, puisque, dans l'écoute, il s'agit de disjoindre, voire de valoriser, le sujet de l'énonciation qui reste sans voix quand on ne tient compte que du sujet de l'énoncé. Françoise Dolto racontait qu'il lui arrivait de proposer à un adolescent silencieux de se taire elle aussi et d'écouter, ensemble, ce silence. Le lieu analytique est d'abord le lieu où il est possible de se taire, de telle sorte que le silence ne soit pas réduit à être le signe d'une impuissance à parler ; à condition, bien sûr, que l'analyste se désaxe de cette exigence mondaine de tout expliquer ou bien de se plaindre de ce qu'on ne comprend pas. Pour le formuler autrement, il faut laisser l'adolescent dire son symptôme, au-delà ou en deçà d'un dit sur le symptôme, sur un symptôme qui n'occupe pas pour le sujet la place principale qu'il peut avoir pour l'entourage.

Cela n'est possible que dans la mesure où l'analyste, contrairement au médecin, n'est pas lié par une obligation de soins : il peut donc formuler que l'adolescent et lui-même ont le droit de ne pas engager de relation, que leur relation ne s'appuie que sur leurs décisions, et que, contrairement à l'intervenant institutionnel, il n'a pas de responsabilité devant un tiers (la sécurité sociale, l'État, la justice, l'école, etc.). A la solitude de l'adolescent, l'analyste répond par sa propre solitude, son non-pouvoir, et non par une tentative de subjugation, de séduction ou d'autorité.

L'analyste considéré comme un complice

Mais il est vrai que cette intervention de l'analyste, se séparant du discours courant des adultes, ne va pas sans un autre risque : le risque que l'adolescent le mette en position de complice face au monde social, et que l'analyste — je force l'image pour être éloquent — s'engage dans un rapport pédérastique. Socrate était accusé de détourner, en les séduisant, les jeunes gens des lois de la Cité et de ses dieux. En particulier, les élèves de classes terminales abordent souvent les textes de Freud à travers une lecture faisant de la psychanalyse un pansexualisme militant ; ils tireront alors facilement l'analyste vers cette place de complice.

Il est évidemment exclu qu'un analyste ait des relations sexuelles avec un jeune ; mais, en compatissant sur un mode hystérique avec la solitude de l'adolescent, il risque, avec des effets similaires, d'érotiser la relation analytique. En tant qu'adulte, l'analyste a, lui aussi, effectué le refoulement des questions de l'adolescent ; ces questions ont fait retour dans sa propre analyse, et il peut rencontrer chez tel analysant une image à laquelle il risque de s'identifier, et cela constitue un risque « contre-transférentiel » majeur.

Une des réponses consiste à dire, avec Winnicott, que l'analyste doit avoir une attitude professionnelle soutenue par sa propre analyse et confirmée par les contrôles qu'il peut effectuer. Si cette attitude était une résistance, elle compromettrait l'efficacité de la relation transférentielle, par une crainte de toute manifestation de son propre transfert considéré alors comme un contre-transfert. La réponse de Winnicott vaut comme évaluation nécessaire et permanente de ce qui rapproche la problématique de l'analyste et celle de l'adolescent et de ce qui les disjoint. Ainsi les deux solitudes, celle de l'analyste et celle de l'adolescent, à la fois sont phénoménologiquement proches et n'ont pas les mêmes ressorts ni les mêmes enjeux. Cet exercice d'autocontrôle, voire d'auto-analyse, est nécessaire aussi bien en général concernant l'adolescence en tant que telle qu'en ce qui anime la relation particulière à tel ou tel adolescent.

Nombre d'auteurs ont insisté sur lesdits « contre-transferts » dans les cures d'adolescents ; je préfère, en l'occurrence, parler d'érotisation de la relation analytique. Face à ce qui apparaît comme affaiblissement du moi chez l'adolescent, comme remise en cause narcissique, l'analyste échoue certes quand il vise à produire un étayage identificatoire soutenant, de sa prétendue force, de son prétendu équilibre, l'adolescent défaillant ; mais il échoue tout autant, à l'inverse, quand il partage avec l'adolescent la même défaillance moïque. Le risque serait que l'analyste assimile ses propres questions au « pot au noir » adolescent que décrit Winnicott [5], cette situation d'incertitude où le destin semble pouvoir se rejouer.

Éviter ce piège transférentiel n'est possible qu'à condition de considérer la dépression de l'adolescence, non pas comme un processus morbide qu'il faudrait réparer, ni comme une « dépression de fin de cure », mais comme la manifestation affective d'une authentique question sur les fondements de l'existence et un levier, dynamique, pour une vraie cure analytique. Cette dépression n'est donc pas à combattre ; elle est même parfois à retrouver derrière les réponses pathologiques, pour la résoudre autrement.

L'analyste considéré comme un maître

La troisième place vers laquelle est tiré l'analyste est celle du maître. En effet, cette période de désorientation, cet âge que je nommerais volontiers l'âge éthique, est animée par des questions essentielles auxquelles il est parfois tentant de répondre d'une place de philosophe, ou pire, de directeur de conscience. L'adolescent le demande souvent explicitement — « donnez-moi des idées », disait Eugène — ; ou bien, de par un mode de pensée systématique, il induira l'analyste à prendre ce rôle.

Devant ce mode de pensée qui caractérise l'adolescent, son aptitude à construire des théories abstraites, son exigence d'une logique sans faille, son reproche à l'adulte de ne pas suivre jusqu'à leur terme les prémisses qu'il pose, l'analyste serait celui qui, enfin, donnerait vérité à toute chose. La « moralité farouche » de l'adolescent, pour reprendre la formule de Winnicott, peut le conduire à chercher en l'analyste un personnage sans défaut, ayant réponse à tout, ne se trompant jamais et faisant preuve d'une rigueur absolue quant aux règles qu'il a fixées.

L'analyste doit se démarquer de cette position, il ne doit pas se laisser prendre pour un sujet qui sait, et cela dès le début de la cure. C'est sans doute le plus difficile : à chacun, là, son style, pour permettre au sujet de passer d'un système de croyance, la croyance qui gère notre monde, à une éthique de la supposition, qui fait fond à la pratique analytique.

L'analyste ne doit pas être celui qui, par avance, a réponse à tout, mais celui qui ouvre et laisse ouvertes des questions.

Il s'agit de la fiction, fondée sur la métaphore paternelle, du sujet-supposé-savoir. La cure montre qu'il n'y a pas de savoir sur le sujet, ni de sujet du savoir qui tiennent au-delà d'un effet de discours. D'où les difficultés d'une clinique psychanalytique et le constat que le sujet au savoir n'est que supposé. Pour que cela se révèle à la fin de l'analyse, il faut que, dès le début, l'analyste n'ait pas assujetti l'analysant à sa maîtrise, et qu'il n'ait pas répondu à la demande hystérique d'un savoir sur lui, que formule le consultant, comme s'il s'adressait au médecin.

Cette non-réponse, particulièrement difficile avec l'adolescent, n'est pas réductible à un « se taire » qui peut, au contraire, poser l'analyste comme maître infaillible.

Le désir de l'analyste et l'adolescent

L'analyste, venant occuper une place impossible, ne peut répondre à ces difficultés que s'il ne cède pas sur « son » désir, c'est-à-dire non pas le désir en tant qu'étayé sur le fantasme, mais bien sur le désir de l'analyste. Si ce « désir de l'analyste » est le résultat de sa propre analyse, dans ses effets éthiques, c'est dans chaque cure qu'il est mis à l'épreuve, sur un mode particulier. Qu'en est-il alors de ce désir de l'analyste quand il engage la cure d'un adolescent ? Pour répondre à cette question, il convient d'évaluer en quoi il y a, à la fois, proximité et disjonction entre la problématique de l'adolescence, à laquelle chaque adolescent apporte une réponse particulière, et les questions qui, restées ou devenues ouvertes à la fin de la cure, constituent le fond sur lequel se détache l'acte de l'analyste, appuyé sur la « pulsion épistémique ».

La valeur du désir — c'est-à-dire sa qualité sexuelle, ce que le désir impliquerait au-delà, ou en deçà, de la sexualité —, est nodale pour chaque adolescent bien sûr, mais aussi pour penser le concept d'adolescence. Reprenons la métaphore des stades. Si la libido est pour Freud toujours masculine au « stade phallique », garçons et filles ne se distribuant pas selon une complémentarité mais selon une dissymétrie essentielle, la question est de savoir si, à l'adolescence, un « stade génital » permet ou non de réorienter cette distribution vers une complémentarité : celle du rapport sexuel, qui deviendrait alors possible. La réponse varie en fonction de divergences tout à fait importantes entre les analystes. Ma position serait celle-ci : l'adolescent constate que ce dépassement est purement imaginaire et que l'accomplissement sexuel, loin de fonder un rapport intersubjectif valide entre les garçons et les filles, accentue la dissymétrie ; il lui faudra donc rencontrer l'autre ailleurs que dans l'exercice de la libido.

Ainsi, par d'autres voies que l'analyste, l'adolescent comprend en général en quoi la possibilité de l'analyse serait rendue impossible par des relations sexuelles entre l'analyste et son patient. Non pas pour des raisons déontologiques, même s'il ne faut pas les dénier, mais, plus fondamentalement, parce que l'un des savoirs exigibles de l'analyste est que l'exercice sexuel ne fonde pas la relation entre les sexes ; au contraire, l'abstinence permet au transfert — « auquel rien ne nous permet de dénier son caractère d'amour véritable » (Freud) — d'être un levier dans l'analyse des déterminations symboliques, et non, ce qu'il est de prime abord, un obstacle imaginaire.

En effet, si sa propre cure a produit ses effets didactiques, l'analyste se caractérise par son aptitude à laisser faire un désir qui ne viserait aucun autre objet que les mots. C'est ainsi que l'analyste autorisera le patient non pas à réaliser mais à dévoiler le fantasme qui fonde son désir.

Mais la dissociation du désir et de son effectuation première, c'est-à-dire sexuelle, n'a pas la même fonction pour l'adolescent et pour l'analyste. Cela se mesure à la qualité différente de la solitude de l'adolescent et de la solitude de l'analyste, puisque ce terme a pu servir à connoter l'état de l'un et de l'autre. La solitude de l'adolescent, celle qu'il proclame parfois avec violence, alors même qu'il se risque au lien social de la bande, témoigne de son oscillation entre la nostalgie de l'auto-érotisme infantile et la quête d'un amour narcissique. La dépression, ou la morosité (Pierre Mâle), qui peut être associée à ce sentiment de solitude, est le fait d'une déception : les objets substitutifs aux objets infantiles, ces objets génitalisés n'ont pas une consistance plus grande, malgré ce qui lui avait été promis, que ceux de ses jeux enfantins et ne lui garantissent pas sa qualité de sujet. Si une possibilité de rapport intersubjectif est encore imaginée, c'est dans un au-delà du Nom-du-Père, dans un en deçà de l'œdipe, au plus près de la réponse paranoïaque ; ainsi, nombre d'adolescents tentent, par un agir problématique, de s'affranchir des contraintes symboliques, dont l'effet d'aliénation et de désubjectivation est alors accentué.

La solitude de l'analyste est d'une tout autre nature. Elle n'affecte pas son « être », car dans son quotidien, sauf à s'en faire un personnage, il n'a rien de l'ascète, mais son « acte ». Cet acte ne doit être guidé par aucune exigence sociale : ni celle de la demande de la société dans son ensemble à l'adresse du « thérapeute » ; ni celle d'une adéquation à un modèle professionnel défini par son appartenance à une société analytique ; ni celle, beaucoup plus prégnante, d'entretenir un lien civil avec son analysant, non seulement hors la cure, mais dans la séance même, puisque son adresse est l'inconscient tel qu'il émerge de la parole de l'autre et non son moi socialisé. Que la découverte conjointe de sa responsabilité et de sa solitude se marque d'un moment dépressif, c'est probable ; qu'il y réponde parfois sur un mode hypomaniaque, c'est un risque ; que sa place dans le dispositif de la cure — qui ressemble, par la place majeure de l'interprétation, à une « paranoïa dirigée » — lui fasse côtoyer la folie, cela arrive. Mais sa « solitude » n'est pas un sentiment, un état du moi ; c'est le constat, logique, de la difficulté de son métier.

Face à des questions voisines, peut-être même à travers un vécu commun, l'analyste et l'adolescent se rencontrent certes ;

l'analyste alors « souffre » des réminiscences de sa propre adolescence et de sa propre analyse. Mais ils divergent radicalement dans les réponses, et c'est ce qui permet un travail analytique. Alors que l'adolescent tentera de subvertir les contraintes symboliques, en particulier par des agirs qu'anime le souhait de « se sentir réel [6] », l'analyste sait, comme l'a dit Spinoza, que le seul gain possible de liberté est celui qu'autorise la connaissance des déterminations, symboliques, qui fondent le sujet.

La question de l'origine

La seconde question, qui agite analystes comme adolescents, est celle de l'origine du sujet. Là aussi, on perçoit que ni les uns ni les autres ne peuvent dénier que le champ de la philosophie est celui où une telle interrogation s'est déployée. Freud maintiendra sans cesse ouverte la question génétique, d'abord en cherchant une psychogenèse des névroses, puis une phylogenèse des déterminations subjectives ; à un autre niveau, il constatera que la causalité psychique suppose une temporalité, qu'on pourra définir, après lui, comme temporalité logique ; ce qui fait événement, comme avènement du sujet, se joue en deux temps : d'abord, une inscription mnésique, puis un rappel de cette inscription, qui est activation de la trace. C'est cet après-coup qui rétroactivement produit l'origine, en lui donnant son caractère mythique. Une telle conception exclut toute linéarité, donc toute prévention. Après quelques espoirs en un rôle préventif de la psychanalyse — on en trouve un exemple à la fin de l'article de Freud sur l'« analyse profane » [7] —, les analystes en sont revenus au constat que l'analyse n'est concevable que dans l'après-coup, fût-il précoce comme dans l'analyse d'enfants.

Cette question de l'origine, là aussi mesurée dans l'après-coup, agite un adolescent : d'une part dans la question de ce qui le constitue sujet, s'appropriant plus ou moins — et plus ou moins bien — le symptôme qu'il est ; d'autre part, quand il perçoit que la seule ponctuation de la vertigineuse infinité du temps est celle de la suite des générations, ce qui peut aller jusqu'à une passion généalogique. Parce qu'il s'est quelque peu dégagé de cette question, l'analyste pourra soutenir une autre temporalité, celle de l'inconscient, et faire sentir à l'adolescent en quoi sa passion généalogique, vouée à buter sur un impossible, n'est que la présentification nouvelle du fantasme originaire, comme peut l'être sa « traumatophilie », recherche d'un événement enfin fondateur en vérité.

Ce qui peut changer pour l'adolescent s'engageant dans une cure analytique

Troisième interrogation des analystes rejoignant, me semble-t-il, celle des adolescents : comment distinguer ce qui est susceptible de changement, le contingent, et ce qui est inscrit comme destin, le nécessaire ? Le désir de l'adolescent n'est, comme le remarque Winnicott, ni d'être compris, ni d'être guéri ; sa demande est éthique, et, le plus souvent, sur un mode dramatique : « Comment vivre avec ce que je perçois de mon aliénation, dans un monde organisé par une croyance que je ne partage pas, quand je suis déçu des promesses faites naguère ? »

Quel changement une cure analytique peut-elle proposer au sujet ? Il ne s'agit certainement pas, avec l'adolescent, de viser une guérison, c'est-à-dire la chute d'un symptôme venu en trop perturber un ensemble : il en est précisément au moment de l'appropriation du symptôme. Non seulement l'adolescent trouve, dans le symptôme, toute une série de bénéfices secondaires, car il est ainsi reconnu dans sa singularité, mais encore le symptôme est alors tout ce qui lui reste pour garantir son être, remué qu'il est par la pulsion de mort, par la répétition la plus pure. Tenter de vaincre le symptôme, serait-ce en soutenant le narcissisme de l'adolescent, peut parfois mener à des catastrophes. J'ai déjà évoqué, par exemple, comment un adolescent peut guérir de la toxicomanie au point de préférer le suicide au risque d'une « rechute », quand n'a pas été analysée la dépression associée à son engagement toxicomaniaque ; il arrive aussi que certains passent de symptôme en symptôme jusqu'à ce que soit entendu qu'ils manifestent, justement, leur impossibilité de s'approprier un symptôme.

Il s'agit moins encore, pour l'analyste, de promettre à l'adolescent la jouissance du rapport sexuel, puisque celui-ci se heurte précisément au relatif de cette promesse et à la vanité de cette jouissance. Depuis *Malaise dans la civilisation*, entre autres, on sait que la promesse du bonheur mène au pire. La dépression de l'adolescent renvoie au constat d'un impossible ; il mesure que les interdits, auxquels il se confrontait enfant, continuent de délimiter le champ de ce qui est autorisé, non seulement par les parents, mais par la qualité d'être humain parlant et sexué.

L'analyste retrouve chez l'adolescent à la fois les limites de toute cure analytique, mais alors posées dès le premier moment, et les enjeux de son acte d'analyste, tel qu'il s'y est engagé en s'autorisant à cette pratique. Dans une analyse, tout ce qui peut changer, c'est que soit rendu possible l'acte qui excède le fantasme, sur un autre mode que le passage à l'acte psychotique, et que le sujet cesse, un temps, d'être dans le registre de la croyance, pour engager son désir, sans l'assujettir à une jouissance impossible. C'est, somme toute, une promesse bien limitée.

A cet égard, le point de rencontre entre l'analyste et l'adolescent est un certain pessimisme. Mais ce pessimisme n'est pas le même. L'analyste sait que le seul changement possible, pour le sujet, est de transformer sa « souffrance hystérique » en « malheur banal » ; il sait que tout sujet est quelconque. Alors que l'adolescent, lui, affirme l'originalité de sa souffrance et la pose, d'emblée, comme vérité d'un malheur commun, universel, non particulier, mais dont seul il aurait pleinement conscience : « Je suis malheureux parce que, moi, je ne me cache pas ce que les adultes se cachent de leur aliénation ; ce sont les autres qui ont tort d'être ou de paraître heureux. »

Comment être reconnu comme un sujet ?

Il y a encore un quatrième point de rencontre. « Comment puis-je être reconnu par les autres comme pleinement sujet ? » Cette question, implicite ou explicite dans le discours des adolescents, est proche d'une question que se posent les analystes, celle à laquelle Lacan répondait par son célèbre aphorisme, pessimiste et restrictif : « L'analyste ne s'autorise que de lui-même... et de quelques autres. » Il y a des traits communs entre la situation de ce qu'on appelle un « jeune analyste », c'est-à-dire quelqu'un, quel que soit son âge, qui vient de s'engager dans cette pratique, un « petit-soulier » pour reprendre l'éloquente épithète de Lacan, et l'embarras de l'adolescent qui attend encore des autres une reconnaissance.

Au-delà, on pourrait se demander si l'analyste n'est pas conduit, à partir de son itinéraire et de son expérience, à réviser, jusque dans le quotidien, ce qu'il en est de la reconnaissance par les autres, et, plus généralement, des rapports intersubjectifs. Il y a non seulement une éthique de la psychanalyse, celle de l'analyste dans son acte, mais peut-être aussi — c'est en tout cas un enjeu actuel, en particulier pour les associations analytiques — une éthique conséquente avec l'expérience de la cure analytique, un lien social autre, non prédicatif, qui serait l'effet d'une prise au sérieux du discours psychanalytique. Alors la formule de Lacan pourrait être généralisée : l'analyse serait ce qui permettrait au sujet de ne s'autoriser que de soi-même [8].

On voit aisément comment cette formule, dont il faut souligner le caractère restrictif — s'il y a autorisation, elle ne peut provenir de l'Autre —, rencontre la question de l'adolescent, autant que celle de l'analyste : si le sujet existe, c'est en étant quelconque, non idéalisé, au-delà du fantasme d'une compréhension avec les autres et d'un réconfort dans l'Autre.

L'adolescent doit faire le deuil d'un Père tout-puissant quand le sien s'avère défaillant. Mais il se distingue, voire s'oppose à l'analyste qui a dû faire le même travail, en ceci : il voudrait confirmer, sans le Père, la validité moïque que l'analyste déconstruit sur les traces de la déconstruction de toute figure paternelle.

L'adolescence est sans doute, comme le dit Françoise Dolto, une passe et comme telle rencontre la passe de l'analyste, quand il a usé son histoire d'analysant. Mais avec une différence de taille : sans l'analyse et sauf exceptions, l'adolescence, « ça passe tout seul », ça passe vers un devenir adulte, certes accompagné d'un refoulement, mais vers une normalité socialement acceptable. Paradoxalement, l'analyste serait celui qui permettrait à l'adolescent de ne pas devenir un adulte « normal ».

2. Histoires d'adolescents

Les présentations de cures psychanalytiques sont forcément succinctes, car il reste une part à respecter, incommunicable, impossible à transcrire. Je ne ferai donc qu'évoquer quelques moments de deux cures ; les moments où, me semble-t-il, se sont opérées des modifications du lien transférentiel avec le psychanalyste.

Bernadette, de la crise à la critique

La première histoire est celle d'une adolescente âgée de douze ans quand je l'ai reçue, la première fois, dans un CMPP [9]. Sa cure dura plus de deux ans, au rythme de deux séances par semaine. Je la nommerai Bernadette. Très en retard scolairement, elle se présentait comme inhibée, mal à l'aise dans son corps, et marquée de deux diagnostics : d'une part celui de débilité, avec un QI de 66 (à la fin de la cure, un bilan lui accorda 78, et l'on connaît la variabilité de ces résultats, malgré la croyance en une stabilité de l'efficience intellectuelle) ; d'autre part, celui d'épilepsie, à la suite d'un EEG où étaient repérées des polypointes courtes ; elle n'avait jamais eu de crise comitiale et, plus tard, ce diagnostic fut controversé par plusieurs neurologues.

Lors des premiers entretiens, Bernadette fut muette. Je la reçus d'abord avec sa mère ; celle-ci évoqua différentes phases dépressives qu'elle-même avait traversées depuis la naissance de cette fille, aînée de deux. Puis j'ai vu Bernadette seule. Elle ne parlait pas, ni ne dessinait. Les seuls mots qu'elle prononça, malgré mes quelques incitations, furent, à la fin de deux ou trois séances, pour me dire qu'elle voulait revenir. J'avais l'impression

— c'était au tout début de ma pratique — d'une incapacité de ma part à entendre quoi que ce soit dans ce silence ; mais le fait que la mère parle, devant sa fille, de ce qui était en jeu pour elle, me semblait assez important pour continuer quelque temps ces entretiens.

Le jour où je ne m'attendais plus à ce qu'elle prenne la parole, et où je lui dis, « en désespoir de cause », après quelques minutes de ce silence qui devenait rituel : « ici, tu peux aussi te taire », ce jour-là, elle se mit à la fois à parler et à dessiner.

Après coup, je pense avoir alors de cette façon formulé la règle fondamentale, c'est-à-dire la mise en place d'un autre rapport au symptôme, ici l'inhibition. La règle fondamentale, énoncé qui se détache de la « non-réponse à la demande », est le mode sur lequel est déplacé le symptôme dans le dispositif analytique, d'abord posé comme l'objet de la demande thérapeutique ; l'analyste désaxe alors ce symptôme en acceptant que dans le champ de la parole le sujet s'en serve, pour que soit repérée, ou dénoncée, sa valeur d'emblème du sujet.

Dans un premier temps, celui de l'établissement du contrat analytique, l'analyste vient à la place du symptôme — c'est en cela que le terme de névrose de transfert est le plus juste — ; de cette place, il peut laisser apparaître l'insensé du symptôme, son impuissance à faire sens. Le silence de l'analyste a pour fonction, du moins provisoirement, d'indiquer qu'il ne s'agit pas de parler du symptôme, mais de le parler. Ainsi peut-être le sujet — c'est un premier temps — pourra-t-il s'approprier le symptôme qu'il est.

Avec les adolescents, la règle fondamentale — et secondairement les règles du contrat (argent, rythme et régularité des séances, etc.) — doit être formulée dans une relation, et non pas à priori en fonction d'une loi externe au dispositif. Cette règle est à moduler selon les sujets, précisément parce que, ainsi, c'est le rapport du sujet au symptôme qui est en jeu, et ce que l'analyste en fait : il s'agit de reconnaître d'une part que le symptôme n'est pas « en trop », mais est une formule d'abord indéchiffrable de l'être du sujet ; d'autre part, que cette formule, à être déchiffrée, c'est-à-dire renvoyée au fantasme, n'assure de l'être qu'imaginairement, n'a pour fonction que de préserver le moi des excès du sujet inconscient.

Il y a un moment pour énoncer cette règle fondamentale, qui détermine la cure comme analytique : au bout d'un premier tour de la demande — en l'occurrence, avec Bernadette, celle de la mère —, ce qui se produit quand la demande n'est pas d'abord présentée par le sujet lui-même, en son nom. Dans l'analyse des enfants, comme des adolescents amenés par leurs parents, c'est après cette usure de la plainte des proches et à partir de la répétition du symptôme dans le lieu de la cure, que la parole peut être « donnée » au sujet, à lui de la « prendre » ou non. Depuis cette époque, tout en en laissant ouverte la possibilité, je n'insiste jamais, avant ce moment décisif, pour que l'enfant ou l'adolescent, dans le ou les premiers entretiens, parle ou même dessine ; et à la première rencontre, le plus souvent, je ne le reçois pas seul après l'avoir reçu avec ses parents ; il faut pour cela que, dans l'espace de temps entre la première et la seconde séance, il ait « entendu » que, là, sa parole propre, aussi, pouvait « avoir lieu ».

A partir de ce moment je ne reçus la mère que de temps à autre — toujours en présence de sa fille, et avec son accord — ; alors, le père, invisible jusque-là pour tous ceux qui avaient suivi Bernadette, et dont j'avais sollicité la venue, accompagna quelquefois — environ une fois par mois — sa fille au CMPP.

Bernadette oscillait entre deux types de séances : celles où, souriante, elle dessinait en couleur, d'abord des fleurs et des familles de fleurs, puis des maisons et des familles de maisons, des animaux et des familles d'animaux (surtout des lapins), enfin des humains et des familles humaines. Durant ces séances, elle semblait s'appuyer sur des mécanismes de défense moins morbides que dans les autres séances où, tendue, elle traçait, hâtivement, quelques traits au feutre noir ou d'une seule couleur, commentant au fur et à mesure des ébauches de dessins, violents autant par le geste maladroit que par le contenu ; entre autres, celui d'un cimetière, ensemble de croix dominé par une tache sombre sur laquelle était écrit, deux fois — dont l'une recouverte de ses hachures —, « enfant mort » *(figure 1)*. Il n'y avait, dans la famille, aucun enfant mort, ni d'avortement.

figure 1

Cette alternance de séances fut modifiée un jour, quand elle commença à dessiner des figures géométriques — il y eut une « famille de carrés ». Dès lors apparut un troisième genre de dessins : les traits étaient rapides et esquissés comme dans le second genre, puis coloriés avec une certaine joliesse, caractéristique du premier genre de dessins.

Alors, elle eut ses premières règles. Il est fréquent — du moins, selon mon expérience — qu'un tournant dans la cure soit contemporain d'une entrée, sensible, dans la puberté, voire parfois dans une puberté précoce.

Le père, ouvrier boulanger d'origine étrangère, était un homme d'aspect malingre, surtout à côté de sa femme, d'allure forte ; il était pourtant robuste, jamais absent, solide dans son métier où les congés de maladie sont fréquents. Un moment important pour Bernadette était le soir, quand son père venait lui « donner la pilule » (de trinuride, un anti-épileptoïde) ; mais le matin, une fois son père parti tôt travailler, elle venait, dans le lit conjugal, finir la nuit près de sa mère ; cette habitude ancienne s'était maintenue, accentuée encore après la naissance d'une jeune sœur, de cinq ans sa cadette.

L'analyse de ce « donner la pilule » et de cette habitude matinale — à la fois reconnaissance de sa féminité (la mère « prenait la pilule »), souhait de complicité avec la mère autant face au père que face à la jeune sœur, la « préférée » du père — et ce qu'elle aborda de questions concernant son identité sexuelle donnèrent lieu à un symptôme transitoire, qui dura quelques semaines puis disparut spontanément : une énurésie nocturne (symptôme qu'elle n'avait jamais eu plus jeune). D'elle-même, elle s'appuya sur ce symptôme pour renoncer à venir, le matin, dans le lit de sa mère : « J'ai peur que ça m'arrive là ».

Avec la disparition de ce symptôme eut lieu un épisode que je vais maintenant évoquer et qui marqua un troisième temps dans la relation, après huit mois de rencontres, épisode mettant en jeu la question du diagnostic et celle de l'interprétation, avant celle du transfert.

Du côté du diagnostic, je n'avais pas remis en cause l'étiquette d'épileptique pendant le premier temps de la cure. Mais, en raison en particulier des accidents énurétiques, je pris conseil auprès du médecin-directeur du CMPP, sceptique sur le diagnostic d'épilepsie au vu de l'électro-encéphalogramme, puis auprès d'autres neurologues ou neuro-psychiatres, très partagés. Je pense aujourd'hui que ce diagnostic me convenait assez bien et qu'il donnait à la cure une limite qui me « dédouanait » quant à ses effets possibles. Je soutiendrais d'ailleurs aisément que les non-médecins, psychologues ou autres, sont les meilleurs garants du discours médical, voire de l'« ordre médical », fût-ce sur un mode hystérique.

Du côté de l'interprétation, j'évoquerai ce qu'il en est d'une réserve nécessaire au déroulement de la cure. Bernadette me racontait par images l'histoire d'un lapin auquel elle s'identifiait. Sachant que son père était boulanger, il me vint à l'idée de décomposer le signifiant en « la » ou « là » et « pain ». Je parlai du lapin avec elle sans souligner le jeu de mots ; simplement, comme elle, j'articulai distinctement la-pin, délaissant mon accent parisien dont elle s'était moqué, quand je prononçai ce mot. La ponctuation et l'acceptation de ma part dans le transfert, c'était cela, la suspension de mon accent.

Je ne me suis pas précipité vers une interprétation facile, et c'est sans doute une des raisons de l'advenue d'un élément essentiel de son histoire. Un jour, le dessin représente un lapin qui sort d'une boulangerie avec, à la main... un pain. Elle le commente en précisant que c'est un « bâtard ». Il faut savoir que, en Languedoc, on n'utilise pas le terme parisien de bâtard, mais celui de « baguette courte ». Ce « bâtard » en disait plus, comme le percevait clairement Bernadette. Elle me dit qu'elle aurait pu naître à Paris, gardant en réserve toute explication *(figure 2)*.

figure 2

La semaine suivante, la mère accompagna sa fille, alors que, depuis quelque temps, Bernadette venait le plus souvent seule. Elle demanda à me parler, après que sa fille le lui eut demandé.

Elle me raconta ce qui était « une vieille histoire », qu'elle avait tue jusqu'alors : après une scène de ménage avec son mari, elle était retournée, quelques semaines, chez ses parents qui habitaient Paris ; au retour, la réconciliation s'était réalisée par la conception d'un enfant, Bernadette, qui naquit prématurée de quelques semaines. Le père, pendant un moment, avait douté de sa paternité.

C'est peu de temps plus tard, un matin, que la mère téléphona pour annoncer que sa fille ne viendrait pas à la séance prévue. La secrétaire me passa la communication et j'appris que Bernadette avait eu un malaise — « comme le médecin avait dit que c'était possible que ça arrive ». Avec quelque appréhension, je maintins cependant le rendez-vous. Bernadette, accompagnée de sa mère, arriva à l'heure.

La crise s'était produite quand Bernadette était allée chercher du pain à la boulangerie voisine. Dans le magasin, elle s'était sentie « tout chose », absente, puis s'était évanouie. Une voisine était partie chercher la mère ; à son arrivée, Bernadette était debout, dans la rue, prête à rentrer, et la première chose qu'elle dit à sa mère fut de lui rappeler qu'elle devait venir à la séance. J'apprenais alors que la mère avait été réticente à cette venue, que Bernadette avait revendiquée.

« C'est l'odeur du pain qui m'a rendue malade », annonce-t-elle d'emblée, et, comme elle en a pris l'habitude, elle commence à dessiner : d'abord deux maisons, l'une qu'elle désigne comme la boulangerie, l'autre comme son domicile, au crayon de couleur marron ; elle y ajoute le ciel et les oiseaux. Au crayon noir, elle dessine « une petite fille », qui tient à la main un pain marron. En même temps, elle raconte : « J'allais chercher une baguette, et la fumée m'a fait mal au cœur. Ça part du ventre et ça monte à la gorge. » Elle dessine, en plus petit, la mère tenant par la main une petite fille qui occupe la place du pain *(figure 3)*.

Pensant qu'éventuellement la sœur était en cause, mais sans l'énoncer, je l'interroge sur le dédoublement de la petite fille.

figure 3

figure 4

Elle réagit avec violence, en parlant d'elle-même à la troisième personne : « La mère tient la petite fille par la main, elle est sage. C'est quand elle devient grande qu'elle va chercher le pain. Alors la mère l'attache et lui met une boule sur la tête. » En même temps, elle dessine le trait qui part de la main de la mère vers la tête de la fille et le « ballon sur sa tête ». Elle évoque les électro-encéphalogrammes à répétition, puis elle dit : « Quand on est mort, il paraît que c'est tout plat. »

Un nouveau personnage, jamais signalé, ni par elle, ni par sa mère, intervient alors dans son discours : « J'ai un oncle (un frère de la mère), à qui on a fait des examens comme ça quand il était petit. On a cru qu'il était mort. Maintenant, il est à l'hôpital (psychiatrique). »

Elle prend une feuille blanche, la numérote 2 et me la tend, en riant : « C'est ce qu'on voit quand on est évanoui. » Puis, prenant une troisième feuille — « Non, c'est ça qu'on voit, le pain et la boule » —, au crayon marron, elle écrit 3, et dessine, dans le coin inférieur gauche, une boule quatre fois fendue et, dans l'une des fentes, une forme allongée qu'elle désigne comme un pain *(figure 4)*. « Le pain, c'est comme le masculin de la main : le pain du père et la main de la mère. »

C'est autour de cet objet que tournera la suite de la cure, ponctuée de dessins plus rares. Cet objet tint, sans doute, la place que les symptômes avaient tenue : condensation de la question double de son identité sexuelle et de sa place dans la généalogie familiale.

A partir de cette séance, il y aura une métamorphose de Bernadette, qui prendra soin de son allure et de sa présentation. Quelque temps plus tard, elle insistera pour partir avec l'école en classe verte. La mère traversa une nouvelle phase dépressive, déclarant qu'elle avait l'impression de ne plus servir à rien, mais elle fut soutenue par son mari, devenu plus présent.

Surtout le rapport entre Bernadette et moi changea, alors, une nouvelle fois. Elle dessina moins et parla plus aisément, en particulier de « cet oncle fou », dont « il ne faut pas parler aux gens ». Enfant fou, enfant mort, dont elle se débarrassait après avoir, seule, soutenu son existence, au prix de sa féminité et de sa maturité. Cet oncle mourut un peu plus tard, dans un

« accident », en visite dans une autre branche de la famille. C'est peu après qu'elle rencontra le premier garçon qui s'intéressa à elle.

L'itinéraire de Bernadette fut la transformation d'une hystérie infantile, marquée par une débilité — dans les différents sens du terme — et peut-être soulignée par l'épilepsie — diagnostic incertain, la seule crise connue ayant un caractère plutôt hystérique — en une hystérie adulte. Mais on peut se demander si cette hystérie adulte, ne se manifestant plus par ses caractères morbides, n'indique pas, en l'occurrence, une certaine réussite de sa féminité. Le cadre de ces rencontres, les limites posées par l'institution ne permirent pas d'aller plus loin.

J'ai récemment croisé Bernadette, jeune mère de famille, qui a choisi de s'occuper professionnellement d'enfants ; son itinéraire n'est sans doute pas pour rien dans ce choix d'un métier.

Véronique, changer en restant la même

La seconde histoire est celle d'une adolescente de seize ans. Elle fut adressée chez moi par un médecin psychiatre, après plusieurs tentatives de suicide, dont l'une assez sérieuse, et quelques fugues (ou pseudo-fugues). Je la nommerai Véronique.

Je n'ai reçu les parents qu'une fois, au cours du premier entretien et assez longuement (près de deux heures). C'était un couple âgé, très traditionaliste dans ses mœurs, de milieu aisé. Véronique était leur fille unique, née d'un mariage tardif.

La mère avait vécu chez ses parents jusqu'à son mariage, à trente-cinq ans environ. Le père, aîné et soutien de sa propre famille après le décès du père, n'avait mené de vie indépendante que lorsque ses frères et sœurs, nombreux, eurent acquis leur autonomie. La grand-mère paternelle, à plus de quatre-vingts ans, vivait avec les parents de Véronique ; elle n'avait cessé de partager la chambre de Véronique que peu de temps auparavant. Le père, à cinquante ans, c'est-à-dire quatre ou cinq ans plus tôt, avait été victime d'un infarctus et s'en sentait très atteint ; sa maladie cardiaque était un des prétextes à culpabiliser Véronique.

Un soir que leur fille était rentrée en retard, ils avaient craint une fugue (elle n'avait jusqu'alors ni fugué, ni effectué de tentative de suicide), et fouillé sa chambre. La mère avait déniché un journal intime et des brouillons de lettres où Véronique annonçait son départ. Le médecin de famille, consulté, avait conseillé de laisser quelque autonomie à Véronique ; le seul bénéfice avait été la séparation entre la grand-mère et sa petite-fille. Un peu plus tard, les parents acceptèrent que Véronique, le samedi, gagne un peu d'argent de poche, en allant aider un oncle et une tante qui tenaient un magasin.

Mais avaient suivi plusieurs tentatives de suicide et des fugues, et les rapports familiaux s'étaient détériorés. Une forte absorption de tranquillisants avait conduit Véronique à l'hôpital, deux mois avant la consultation. Les parents y rencontrèrent un psychiatre sur les conseils duquel ils vinrent me voir ; leur demande était alors celle d'un « placement » de leur fille. Demande très ambiguë : ils cherchaient, selon leurs dires, une « pension comme autrefois » pour qu'on lui « mette du plomb dans la tête ». Ils se plaignaient du laxisme du lycée où, malgré de nombreuses absences, Véronique suivait une scolarité sans problème, et passait pour une fille intelligente et vive.

Véronique qui, de son côté, n'avait rien dit durant les déclarations des parents, avait un air boudeur, même si, par quelques signes à mon adresse, elle manifestait sur tel ou tel point son désaccord.

Je décidai de ne pas trop insister pour qu'elle parle, dans la mesure où la demande était le fait des parents. Je dis que je ne pouvais pas « remplacer le placement », et que la question était sans doute précisément celle d'une place, aussi bien pour Véronique elle-même que par rapport à ses parents. Je me contentai de souligner la difficulté du passage à l'âge adulte, autant pour les jeunes que, par contrecoup, pour les parents. Je conseillai aux parents de continuer à voir de leur côté, comme cela leur avait été proposé, le psychiatre.

Quant à Véronique elle-même, je déclarai que c'était à elle seule de décider si elle voulait entreprendre une psychanalyse comme je pouvais, éventuellement, le lui proposer. Dans ce cas, elle pouvait me téléphoner, nous discuterions deux ou trois fois, et déciderions ou non d'une cure qu'elle paierait elle-même avec l'argent de poche dont elle disposait. J'avertis les parents que je n'aurais à leur faire part ni de la décision de Véronique, ni de ce qui se passerait dans ce traitement.

Je conclus la séance en soulignant la valeur de leur démarche et en laissant la décision à Véronique. Contrairement à mon habitude [10], je demandai le prix d'une consultation aux parents.

Véronique téléphona quelques semaines plus tard, et demanda un rendez-vous. D'emblée, elle me dit que ses parents avaient, depuis notre première rencontre, longtemps insisté pour qu'elle vienne me voir, et qu'elle n'avait fait signe que lorsqu'ils y eurent renoncé. Elle me demanda si j'étais « avec elle » ou « avec eux » ; plutôt que d'esquiver la question, je répondis : « Contre qui ? » Elle poursuivit en affirmant son opposition radicale à tout ce que pouvait lui proposer « la Société » et en soulignant combien ses parents, avec leurs principes rigoristes, étaient en opposition avec l'air du temps, les parents des autres adolescents qu'elle connaissait étant supposés plus libéraux. J'indiquai en quoi il y avait là une certaine contradiction puisqu'elle reprochait à ses parents de ne pas être conformes à cette société qu'elle refusait.

Elle en vint à parler de son propre malaise ; elle percevait tout à fait une contradiction entre d'un côté ses principes, ses idéaux, un mélange de traditionalisme, en particulier sexuel, et d'affirmation libertaire et, de l'autre côté, ce qu'elle pouvait vivre, ce dans quoi elle s'engageait passionnément et qui la décevait à chaque fois ; en particulier dans les rapports avec les garçons, à qui elle demandait à la fois un esprit de décision, voire de l'autorité, et une certaine tendresse, « de l'attention », disait-elle, terme polysémique — être attentionné, faire attention — qu'elle utilisa souvent. Elle flirtait avec un grand nombre de garçons, flirt « poussé » à la limite de l'acte sexuel et proche de pratiques perverses, mais recherchait celui qui ferait « preuve » d'assez d'amour, de « prévenance », en fait de « refus » de ce qu'elle donnait pour qu'elle puisse « se donner » à lui [11].

Au cours de ces premiers entretiens, elle évoqua peu ses parents et les conflits familiaux pour privilégier ses propres contradictions, oscillant entre une certaine position dépressive et des projections, accusant « les autres » de n'être que des

« lâches ». Il fallut quelques séances pour que je mette en valeur ce « lâche », surtout à l'occasion d'un lapsus : « lâcherie ».

Elle évoqua alors l'âge de ses parents, la maladie de son père, sa mort possible, pour terminer sur un « ils me lâchent dans la nature ».

Alors fut décidé de poser plus strictement et contractuellement un travail analytique, sur la base de trois séances par semaine. Mais — était-ce une erreur due à la prudence ? — je la reçus d'abord en face à face pendant quelques mois, et pendant des séances relativement longues par rapport à ma pratique habituelle (une heure ou un peu plus, à chaque fois). L'hystérique séduit, et la jeune hystérique encore plus, et sa sagacité devant mes interventions était assez valorisante pour moi, et sans doute pour elle, d'autant que parallèlement elle n'avait plus manifesté d'intention suicidaire, du moins en acte, ni réalisé d'acting out, du moins jusqu'à la séance que je vais rapporter.

Les séances précédentes, elle était revenue sur l'épisode de sa mère dénichant dans ses papiers personnels le journal intime de Véronique. Elle lui reprochait moins, en définitive, de l'avoir découvert et lu — elle se demandait elle-même s'il n'était pas là pour ça —, que de n'y avoir « rien compris » et de n'avoir pas donné d'abord ce texte à lire au père ; celui-ci, une fois sa fille revenue, ne s'y intéressa qu'à travers ce que pouvait en dire la mère. Depuis, Véronique avait détruit ces papiers.

Elle avait durant ces séances évoqué, ce qui est classique chez les adolescents, son rapport à l'écriture et ce lecteur idéal et impossible auquel pouvait s'adresser un journal intime, ce lecteur de l'autre sexe, enfin complémentaire, dans l'imaginaire de l'adolescent. Là aussi, sur cette question de l'écriture, il y a rencontre entre les préoccupations de l'adolescent et celles de l'analyste. Par exemple la question des notes prises à propos d'une séance, dont on sait qu'elles ont parfois pour effet l'effacement mnésique, ou bien celle du statut des textes publiés par les analystes et de leur adresse. J'en étais en effet là de ces questions, au moment de ces séances avec Véronique.

Elle arrive donc, un jour, avec un gros carton sous le bras : « C'est comme un journal que j'aurais écrit pour vous ; maintenant je peux vous le donner à lire. » Trois points me semblent là à souligner ; sur le coup, ils se présentèrent à moi furtivement.

Le premier, c'est la proximité de son geste avec celui de certains enfants, très jeunes, qui ou bien offrent un cadeau à l'analyste, ou bien lui apportent un jouet récent pour lui en montrer le fonctionnement.

Le second point, c'est, bien sûr, la répétition transférentielle de cet épisode évoquant cet événement qui constitue le second moment de la séduction, dans l'hypothèse traumatique de Freud.

Le troisième point, c'est le « piège » qui m'était tendu : lire ce texte, c'était ou bien, d'une place maternelle, répondre à la demande d'effraction, pour être ensuite accusé de ne pas avoir compris, puisque ce qui était à interpréter, c'était le geste de donner à lire plus que le texte lui-même ; ou bien, d'une place paternelle, me poser comme séducteur, voire comme le représentant de l'Autre. Ne pas lire ce texte — éventuellement en me réfugiant derrière cette interprétation ou, pire, derrière une règle technique — c'était renvoyer ce qui avait pu s'écrire là du côté du rejeté, du refoulé secondaire, ou même primaire, pour autant que l'écriture comme inscription d'un trait, d'un tracé en deçà du signifiant, est cela même qui fonde, comme effet, la subjectivité.

Je répondis donc en deux temps, non sans indiquer mon embarras : « Lisez vous-même ce texte ; à voix haute ou basse, comme vous le voulez ; d'autre part, désormais, vous vous allongerez sur le divan. » D'un côté, je reconnaissais l'importance de ce qui s'écrit, mais en renvoyant à Véronique la question du lecteur ; de l'autre — et là je prends au sérieux les propositions de Lacan sur ce qui cesse ou non de s'écrire ou de ne pas s'écrire —, je modifiai radicalement le rapport à la parole qui ne se soutenait plus, alors, du regard comme évitement.

C'est l'occasion d'évoquer l'usage du divan. La question se pose avec les adolescents et alimente des débats. Les enfants sont, en général, reçus en face à face ; en effet, la relation se soutient alors, en ce temps d'ambiguïté de la relation d'objet, d'un espace transitionnel, celui du dessin ou du jeu, où le regard de l'analyste intervient. Les adultes non psychotiques sont le plus souvent reçus sur le divan ; ainsi, le refuge du regard est supprimé, accentuant la qualité langagière non seulement de la cure analytique, mais aussi de la subjectivité.

Il est essentiel que cette position — moins fondamentalement, me semble-t-il, allongée que d'exclusion du regard — soit proposée non comme condition d'un rituel, mais dans la dynamique de la cure. Pour Véronique, à ce moment, outre la différence entre la parole et l'écrit — « ce qui s'en va et ce qui reste », commentait-elle —, se jouaient d'autres différenciations : celle du contingent et du nécessaire — « tout ce qui m'arrive ne compte pas et j'essaye de retrouver ce qui compte vraiment » —, celle de l'Autre comme lieu logique et comme incarnation imaginaire — « j'ai écrit pour quelqu'un mais je ne sais plus pour qui ». Le cahier lui-même avait un statut multiple : objet dont il pouvait être fait cadeau comme il pouvait rester caché ; lieu du secret, derrière ce qu'elle livrait dans la parole ; instrument de sauvegarde de sa subjectivité, au moment même où elle s'exposait à l'analyse.

D'une certaine façon, à la dialectique du regard et de la parole, se substituait la dialectique de l'écriture et de la parole, ce que reconnaissait ou permettait de reconnaître le passage sur le divan, en lui proposant de mettre à l'épreuve les vraies questions qui apparaissaient : que le destinataire du journal ne peut être incarné que trompeusement, que l'objet ne vaut que de n'appartenir à personne (d'être « lâché »), etc.

Les éléments dont je disposais auraient sans doute dû me permettre de proposer à Véronique plus tôt ce « changement de place », avant ce que je considère comme un acting out ; mais que cela vienne en réponse a permis d'accentuer l'effet d'interprétation de cette proposition, plutôt que d'en faire l'économie.

L'analyse de Véronique se poursuivit jusqu'à ce moment où, à l'opposé du « placement » évoqué au début, elle remit ses parents à leur place, ce que de leur côté — il faut souligner là le rôle du psychiatre consulté par eux — ils acceptèrent.

La dernière séance de cette analyse se termina sur une remarque. Cette remarque, que j'ai déjà citée, concerne tout autant les difficultés de n'importe quel sujet que celles, dominantes, de l'adolescent, pris entre l'être et le devenir : « Parfois, mes parents me disent que je change, tout le temps et trop vite ; d'autres fois, ils me disent que décidément, je suis toujours la même. C'est vrai que c'est difficile de changer en restant la même ! »

Je n'ai retenu de ces deux histoires d'adolescentes que ce qui me semblait mettre en valeur la relation transférentielle sur ses deux versants. En outre l'une, Bernadette, en est au début de l'adolescence — je la reçois d'abord prépubère — ; l'autre, Véronique, à la fin — elle a dix-neuf ans quand s'achève la cure.

L'essentiel est que, dans la cure de l'adolescent, apparaît nécessairement ce qui, ailleurs, peut rester dissimulé : l'analyste ne pourra accompagner une modification de la position subjective de l'analysant, qu'à la condition de savoir qu'il ne le fait pas à partir d'un point fixe, d'une position de savoir ; mais à partir des difficultés de sa propre position, à partir de cette « dé-position subjective » qui a fondé l'analyste à tenir une certaine fonction dans le dispositif de la cure.

3. La direction de la cure de l'adolescent

Paradoxalement, l'analyse de l'adolescent se caractérise d'une certaine pureté : la cure, en effet, est souvent moins entravée par la demande thérapeutique, pour autant que l'analyste, dans sa rencontre avec le sujet, dépasse une demande institutionnelle, scolaire, médicale ou familiale dont l'adolescent se débarrasse assez facilement ; d'autre part, la cure implique, nécessairement, la mise en cause permanente, du côté de l'analyste, de ce qu'est pour lui la psychanalyse.

Je me limiterai à quelques hypothèses — en deçà de l'organisation psychique particulière de tel ou tel patient [12] — autour du statut du sujet-supposé-savoir, de la règle fondamentale et du contrat, du temps de la cure et de la fin de l'analyse.

Subjectivité et savoir dans la cure de l'adolescent

Qu'en est-il de la relation du sujet au savoir dans la cure psychanalytique de l'adolescent ? On mesure là, exemplairement, en quoi l'analyste ne ménage la fiction du sujet-supposé-savoir, fiction qui oriente le discours du patient dans le transfert pour le temps de la cure, qu'à la condition de ne pas être mis, dès le premier entretien, en position de sujet-qui-sait-tout ou de sujet-qui-ne-sait-rien ; qu'à la condition aussi de construire et de soutenir un espace, un dispositif (Winnicott évoquerait le jeu), entre l'adolescent et l'analyste, tels que les questions du sujet et du savoir soient ouvertes et le restent.

Parce que l'adolescent est dans l'incertitude, sur lui-même, sur son propre savoir et sur le savoir des autres, il a tendance ou bien à dévaloriser tout savoir, considéré comme incapable d'un effet de vérité, l'adulte étant, par nature, celui qui ne comprend rien ; ou bien, à l'inverse, à placer un adulte, isolé, en position de maître détenteur de tout le savoir ; ou bien encore, à s'appuyer sur sa prestance pour se présenter lui-même comme détenteur d'un savoir inaccessible à l'autre (c'est en particulier le cas, souvent, du toxicomane).

Rien n'est sans doute pire que de se poser comme celui qui maîtriserait, par avance, tous les enjeux, d'autant qu'en vérité on ne les sait pas ; tout au plus a-t-on une idée approximative de la problématique de l'adolescence en général, plus que de l'adolescent au singulier. L'analyste doit d'abord être capable d'être encore étonné par ce qu'il va entendre. Sur ce point-là, pour Dolto, comme pour Winnicott, il est important de dire à l'adolescent qu'on n'en sait pas plus que lui, sinon de savoir qu'un savoir est possible à construire là, dans ce dispositif, à la place du symptôme, savoir dont ni lui ni nous ne sommes pleinement sujets. C'est au lieu même de l'assujettissement dont il se plaint que se constitue transitoirement la fiction du sujet-supposé-savoir qui anime le transfert.

Cette position tierce suppose que l'analyste ne soit pas renvoyé du côté des autres, du « tous les autres » quasi paranoïaque que l'adolescent dénonce. Telle est la difficulté dans la mise en place du dispositif analytique avec l'adolescent. Pour cette raison, et aussi en rapprochant transfert de l'adolescent et « transfert » du psychotique, certains ont exclu toute indication d'analyse, ou bien, dans la ligne des théories d'Anna Freud sur le transfert de l'enfant, ont prôné d'entreprendre la cure de l'adolescent dans le même registre quasi pédagogique que l'analyse d'enfants.

Sans doute Moses Laufer a-t-il raison d'isoler dans la cure de l'adolescent, plus encore que dans toute autre cure, un temps préliminaire d'évaluation [13]. Je reprendrai cette idée en d'autres termes : pour Moses Laufer, il est essentiel de ne pas déduire de la présence d'« équivalents psychotiques » que l'adolescent serait psychotique ; certains, en effet, « conservent la capacité de vivre leur signification dans le traitement à travers le transfert et finissent par abandonner au moins une partie de cette distorsion ». Repérant la même difficulté à propos de l'homosexualité ou des pratiques perverses, il introduit sa conception du « breakdown », cassure dans le développement telle que la psychopathologie de l'adolescent a une spécificité par rapport à la psychopathologie générale. Pour reconnaître les difficultés d'une cure analytique, mais aussi en accepter la possibilité, il est nécessaire, selon Moses Laufer, de « prendre au sérieux » la psychopathologie de l'adolescent ; mais il faut aussi, « dès le départ », que l'analyste, loin d'idéaliser son adolescence personnelle, garde présente « une relation à son propre passé d'adolescent ».

Ce temps d'évaluation est certes celui où doit être posé un diagnostic au sens de l'analyste : y a-t-il « disposition au transfert », c'est-à-dire production de la fiction d'un sujet-supposé-savoir, dont l'usage permette l'analyse ? Mais c'est aussi le moment où l'analyste accepte d'être interrogé par les questions de l'adolescent, parce que ce sont aussi les siennes. Cette « évaluation » est à double sens : si l'analyste doit calculer la possibilité d'une cure analytique, l'adolescent, comme il le dit parfois après coup, commence par jauger l'aptitude de l'analyste à l'écouter, à prendre le risque de l'écouter, sans s'appuyer sur ses propres résistances ou sur sa prétendue maturité. Nombre d'échecs thérapeutiques prématurés sont à juger à l'aune de ce contre-transfert, de cette pente à contrer le transfert.

La règle fondamentale

La règle fondamentale, c'est-à-dire la consigne donnée au patient de dire tout ce qui lui vient à l'esprit, sans effectuer de sélection ou de censure, doit être considérée à partir du statut du savoir dans la cure analytique.

Quelques remarques, pour commencer, sur la valeur de cette règle : si Freud la conçoit d'abord comme règle de libre association, suffisante à orienter la parole de l'analysant de telle sorte que, sortant du bavardage, elle laisse advenir les signifiants-maîtres de son destin, il devra plus tard mettre en question son espoir que le respect de la consigne suffise à l'élaboration analytique. Ainsi, dans le texte sur la *Verneinung*, il va jusqu'à évoquer un « piège tendu à l'analysant » : « A l'occasion, on peut se procurer très aisément un éclaircissement que l'on recherche sur le refoulé inconscient. On demande : Qu'est-ce que vous tenez, en toute probabilité, pour le plus invraisemblable dans cette situation-là ? Qu'est-ce qui, pensez-vous, était alors le plus éloigné de votre esprit ? Si le patient tombe dans le piège et qu'il nomme ce à quoi il peut le moins croire, il a, par là, presque toujours révélé l'exact [14]. »

Ce glissement est certes à référer aux virages théoriques de Freud de 1924 à 1939, comme aux dialogues avec Ferenczi, et sans doute à ce qui pouvait déjà se présenter comme ritualisation obsessionnelle de la cure ; mais il ne peut que rencontrer un écho pour les analystes recevant des adolescents. En effet, l'acte analytique a souvent, semble-t-il, à se soutenir plutôt d'un « aller chercher » que d'un « laisser venir » ; cela peut justifier certains refus de ladite cure-type, avec des sujets oscillant entre une inhibition mutique et une généralisation de leur malaise individuel, en vue de laisser hors de portée ce qui prend statut de « secret ».

C'est de cette idée qu'il faut partir pour concevoir l'usage de la règle fondamentale avec l'adolescent. La plupart des cures analytiques rencontrent à un moment ou un autre, et souvent vers la fin du processus, cette notion de secret — nom secret, mais aussi événement secret, secret de famille, etc. Mais, avec l'adolescent, un secret est invoqué, pour être « avoué » ou au contraire préservé, dès qu'un minimum de relation a pu s'instaurer ; certes ce secret n'est pas sans rapport avec l'activité masturbatoire, mais il ne saurait s'y réduire.

D'autre part, pour l'analyste, ce secret a non pas un autre statut mais une autre place : il est ce qui est produit — doit-on dire alors « sécrété » ? — par l'analyse. Alors que, pour le sujet, il est origine, voire formulation nouvelle de son origine — j'ai déjà évoqué l'usage des surnoms —, le secret, pour l'analyste, est l'effet de ce qui est agité par l'objet perdu.

Secretus : ce qui est séparé. Alors que l'adolescent présente son malheur comme celui d'être séparé de lui-même, des autres, du monde, et de ne tenir que sur un secret — je ne parle ici que du névrosé —, la formulation de la règle fondamentale doit viser non pas à enfreindre ce secret, mais à le faire changer de place, de cause à effet ; là aussi, il s'agit de paranoïa dirigée, car ce déplacement de cause à effet affecte aussi le sujet, pour autant que le secret, derrière le symptôme, soit la formule du fantasme. Ainsi est important le secret de la cure, à l'égard de l'entourage, plus encore que le secret sur les énoncés de l'adolescent, car, assez souvent, ce qui est dévoilé dans l'analyse, l'adolescent lui-même va le renvoyer dans la famille, avec plus ou moins de violence, comme signe de sa singularité.

C'est l'énonciation, pour l'adolescent, qu'il y a du secret, qui doit déterminer le moment où la règle fondamentale peut être formulée. C'est-à-dire quand les manifestations symptomatiques, associées sur un mode ou un autre à ce secret, s'avèrent en rapport avec du discours, précisément du discours non dit.

Le divan, l'argent et le rythme des séances

La règle fondamentale — énonciation paradoxale puisque l'analyste passe par une position de maître (voilà ce qu'il faut faire) pour s'en éloigner (c'est de votre parole que viendra le savoir) — fonde le dispositif analytique en distribuant les fonctions. C'est alors que se distinguent la psychanalyse et ce qu'on nomme psychothérapie, où cette règle n'est pas formulée. Les autres règles dudit « contrat », venant en second, ne sont pas sur ce point déterminantes, que ce soit l'usage du divan, le paiement ou le rythme des séances. La cure analytique de l'adolescent impose de ce point de vue quelques variantes.

L'importance du divan me semble moins résider dans la position allongée, survivance de l'hypnose ou évocation de la relaxation, que dans la mise hors jeu du regard et du soutien imaginaire de la relation. La prescription du divan doit être non pas référée à une cure-type, mais à un certain état de la relation analytique et des ressorts pulsionnels qui y sont mis en jeu, en particulier concernant le regard [15]. Il n'y a pas de recette pour cet usage, sauf à mesurer le point où en est l'adolescent dans la remise en cause de ses identifications ; rien n'interdit que, dans certains cas, il y ait alternance de séances en face à face ou hors regard, voire, dans une même séance, changement de position. Ainsi, un jeune homme obsessionnel avait tardivement développé une phobie d'impulsion : la peur de nuire physiquement à un jeune frère naturel, lui-même ayant été précédemment adopté. La mise en cause de ce symptôme déclencha, au-delà de l'angoisse, une dépression redoublée — dépression adolescente et dépression liée à la fragilité de la métaphore paternelle — : avant qu'il ne s'allonge, il venait presque toujours s'assurer, se réassurer de ce que je n'étais ni une instance surmoïque, ni le représentant de ce frère « menacé par ses idées », ni « menaçant » à son égard, lui-même étant alors identifié à ce frère. Ce face-à-face préliminaire à chaque séance servait à confirmer l'analyse, du moins jusqu'au moment où ce symptôme, en tant que tel, disparut.

Les autres règles du « contrat », devant être spécifiées avec l'adolescent, sont aussi, implicitement, interrogées sur leur valeur dans toute cure. Je laisserai de côté la « règle d'abstinence », déjà brièvement évoquée à propos du toxicomane, et privilégierai deux séries de problèmes : ceux liés à l'argent, et ceux du rythme des séances.

Évoquant un jour sa pratique avec les adolescents [16], Françoise Dolto disait qu'elle demandait parfois aux parents d'effectuer, chez notaire, une avance sur héritage qui permette à l'adolescent de payer sa cure. Certes, une telle formation, mettant en jeu la mort des parents et la transmission, n'était possible que parce que F. Dolto, plus âgée que les parents, voire même identifiée à leur propre mère, ne pouvait être considérée comme adressant un vœu de mort pour prendre leur place ; un analyste plus jeune la copiant risquerait quelques déboires. Mais ce qu'elle indique du paiement de la cure est à prendre au sérieux, pour autant que l'analyste ne soit pas là pour assurer « la sécurité sociale » face à l'adolescent ; c'est-à-dire qu'il ne se mette pas immédiatement, au nom des parents (puisque la couverture sociale des enfants est faite en leur nom), dans une position médicale, ou pédagogique, qui interdise l'analyse, même si une telle intervention peut avoir des effets thérapeutiques.

Le rapport de l'adolescent à l'argent est polysémique : il s'y joue certes un enjeu pulsionnel banal sur le versant de l'argent conçu comme objet, mais immédiatement associé à la question « d'où vient l'argent ? », c'est-à-dire de la nature de l'Autre. L'usage d'un paiement « symbolique » qui doublerait le paiement « réel » effectué par les parents, usage éventuellement intéressant avec les enfants plus jeunes, répondrait sur un mode tordu à cette interpellation, par un partage qui fait justement problème. L'adolescent, sur le terrain économique (au sens trivial du terme), conteste le lien social [17] : cela est à considérer et non à dénier.

Concrètement, l'une des réponses consiste à accentuer l'une des qualités de l'argent — la temporisation, dans le double sens de médiatiser et de différer —, pour seulement ensuite analyser ses qualités d'objet et de signifiant. Le geste du paiement peut être un levier à l'analyse de la temporalité de l'adolescent, souvent projeté, par les promesses déçues, dans une immédiateté qu'à la fois il revendique et subit : « tout, tout de suite », telle est la formulation qui légitime sa pathologie. Entre la temporalité de l'enfant qui attend un « plus tard » ponctué de quelques rythmes, scolaires en particulier, et la temporalité de l'adulte, somme toute cyclique — moments privés/moments publics, temps de travail/temps de loisirs/temps de repos, amour du travail/vacances, etc., sans parler du « métro, boulot, dodo », joliment dénoncé... par l'adolescent — , la temporalité de l'adolescent est axée sur l'événement, ce qui doit advenir pour rompre rythmes et cycles.

Quand la demande est, ou plutôt quand elle devient, celle de l'adolescent, l'analyste peut répondre, dans le paiement, à cette dimension du temps, en marquant cette ambiguïté : le paiement a lieu à chaque séance et il peut être différé. Quand l'adolescent a l'âge requis pour l'usage d'un chéquier, la solution peut consister par exemple à lui demander de rédiger un chèque à chaque séance [18], que l'analyste ne déposera qu'au moment où l'adolescent, que ce soit en travaillant durant les vacances, ou à la fin de ses études, pourra en assurer le paiement. A défaut de ce chéquier, un papier peut suffire. Pour ma part, avec cette formule, proposée au moment d'un véritable engagement de la cure, jamais aucun problème ne s'est posé. L'important — et ce papier le permet — est que cette « dette » soit analysée sans fournir une réponse obsessionnelle, en instaurant une dette impossible à payer [19].

J'évoque la temporalité à propos de la question du paiement, parce que j'associe cette question à celle du rythme des séances. Le rythme régulier des séances, qui assure la dynamique de la cure analytique, est d'abord en contradiction avec la temporalité de l'adolescent. Il y a un moment, là aussi, pour, éventuellement, proposer cette régularité ; il faut non seulement que la demande de l'adolescent soit isolée de celle des parents, quand celle-ci a été première, mais aussi que l'adolescent lui-même ait compris que la temporalité de l'analyse est différente de celles qui organisent le lien social. Dans un premier temps, qui peut être long, il est parfois nécessaire de ne fixer chaque rendez-vous qu'un par un, ou même d'en laisser l'initiative au sujet, tant que n'est pas formulée la règle fondamentale. Parallèlement, dans ce premier temps, la durée des séances — impossible à déterminer précisément — doit permettre au sujet d'en venir « à l'essentiel » puis de l'épuiser, jusqu'à rencontrer — second silence, pourrait-on dire — le subjectif de ses énoncés, voire un point d'angoisse à partir duquel la revendication laisse place à la mesure d'une division subjective. C'est ensuite, seulement, que la séance pourra être interrompue ; interrompue sur une question, dirais-je, suivant sur ce point Winnicott, une vraie question (non pas celle dont l'analyste aurait la réponse), qui fonde ce lien social particulier et sa temporalité spécifique — peu importe qu'elle soit formulée par l'adolescent ou par l'analyste.

Les différents moments d'une cure d'adolescent

Les temps de la cure diffèrent chez l'adolescent — et aussi sans doute chez ceux qui en sont restés aux questions de l'adolescence — des temps qui sont repérables dans l'analyse des adultes. Même si ainsi je généralise et accentue une différence, je proposerai l'idée d'une inversion des deux temps logiques, de l'analyse du fantasme et de l'analyse « du transfert », c'est-à-dire de l'analyse de la relation à l'Autre, et du sujet-supposé-savoir dans l'Autre, qui mène à la mesure de son inexistence, ou plutôt de son inconsistance.

A propos de la psychogenèse, j'ai déjà souligné l'évolution menant le sujet de l'Autre réel qu'est la Mère, à une succession de figures possibles de l'Autre, parentale, ancestrale, divine, incarnations imaginaires menant à l'Autre sexe ; imaginaires puisque la seule réalité de l'Autre, quand le sujet accède à la parole, c'est la langue, et que sa seule validité est symbolique. L'analyse implique la déconstruction de ces figures imaginaires, puisque le mode sur lequel l'ordre symbolique, qui tient à l'horizon de l'Autre, se réalise, c'est le symptôme, et qu'il s'agit moins de supprimer ce symptôme que de le remettre à sa place d'effet d'un certain rapport à la langue.

Pour l'adulte, cette déconstruction est la conséquence d'un repérage du fantasme, c'est-à-dire du lien conflictuel entre le sujet et l'objet, et de l'opération particulière qui les lie. Pour l'enfant, cette déconstruction, sans doute partielle, est l'effet d'une remise en cause, non des parents, mais de leur statut pour le sujet, la fonction parentale se disjoignant des personnes qui la supportent. Pour l'adolescent, en revanche, cette déconstruction des figures de l'Autre, la plupart du temps rétrospective, est première, nécessaire pour que, dans un second temps, une analyse du fantasme soit possible.

Pour le dire autrement, les questions qui surgissent habituellement à la fin de l'analyse apparaissent dès le début de la cure de l'adolescent, même si cela doit être repris plus tard ; c'est pour cela que l'analyste doit éviter, dans les entretiens préalables, d'être mis en position de grand Autre, ou d'être tiré, par le transfert de l'adolescent, vers une position perverse de maître. En effet il hypothéquerait — le mot est assez précis — la possibilité même d'une analyse. En ce sens ne peut être économisée, en début de cure, une analyse des transferts imaginaires de l'adolescent sur l'analyste, pour qu'un transfert symbolique, c'est-à-dire où la fonction de l'analyste prime sur les oripeaux de sa personne, soit possible.

L'analyste est, par l'adolescent, mobilisé au plus près de ce qu'il en sera de son être, et, comme dans l'analyse d'enfants, mais sur un mode autre, l'imposture est facilement dénoncée :

imposture double, celle qui consiste à se faire le fonctionnaire d'un dispositif dont la responsabilité serait renvoyée à l'Autre, susceptible d'être celui qui jouit de l'expérience, ou celle qui consiste à se croire l'adulte normal, modèle identificatoire à proposer au sujet. L'analyste, dès ce premier temps, qui comporte en soi-même la fin possible de l'analyse, ne peut faire l'économie d'une invention, c'est-à-dire de la mise en acte de son style, comme signifiant de son rapport à son désir d'analyste, alors même qu'il doit éviter de prétendre fonder, en nouveau maître, une consistance enfin solide de l'Autre.

Passé ce temps premier, le second temps de l'analyse d'un adolescent, l'analyse du fantasme, n'est pas, en tant que telle, différente de ce qui est opératoire dans toute autre cure.

La fin de l'analyse

La fin de l'analyse de l'adolescent se heurte à une question évidente et qui a justifié la réserve de nombre d'analystes, dont Winnicott : la cure de l'adolescent ne doit-elle pas simplement le mener à être adulte, travail qui, dans le meilleur des cas, s'accomplit sans le secours de ce tiers et que l'analyste doit simplement accompagner ? Ainsi l'analyse n'aurait lieu que pour suppléer un processus « naturel », en panne chez tel ou tel sujet.

Mais ainsi ladite maturité est assimilée à une normalité, et l'adulte à un idéal. Certes, pour tout adolescent, l'adolescence est une « passe » entre un statut d'enfant et un statut d'adulte, mais l'adolescent analysé devient-il un adulte « comme les autres » ? La psychanalyse n'implique-t-elle pas une autre fin de cure, un autre devenir adulte que celui auquel l'adolescent aurait accédé, à l'aide, éventuellement, d'une « psychothérapie de soutien » ?

L'adulte « normal » est celui qui a effectué, au mieux la sublimation, le plus souvent le refoulement des questions qui, adolescent, l'agitaient plus ou moins profondément. Les entretiens avec les parents d'adolescents en difficulté montrent fréquemment qu'eux-mêmes, quand ils étaient jeunes, se sont confrontés à la même pathologie, ou à la pathologie inverse, que celle surgie plus tard chez leur enfant. On peut espérer que l'adolescent analysé ne perpétuera pas, à l'égard de ses propres enfants, cet héritage pathologique.

Mon hypothèse serait que la fin de l'analyse d'un adolescent, sans obéir à des critères objectivables, doit le conduire, d'une part, à accepter une certaine solitude [20], celle qui chez l'être humain lui permet de s'autoriser de lui-même dans ses choix de vie, d'autre part, à entretenir avec les autres un rapport un peu moins piégé par des idéaux imaginaires et la recherche éperdue d'une jouissance impossible.

Sans doute un tel projet de fin de cure peut-il concerner n'importe quelle analyse, mais il est impliqué dès la première rencontre avec l'adolescent. Avec l'enfant plus jeune, si l'analyste ne vire pas à la « nourrice sèche » ou au « bon père » qui aurait fait défaut, la cure peut s'arrêter sur l'écart entre les fonctions parentales et les personnes qui les assurent, pour donner à l'enfant quelque latitude de se situer à leur égard autrement que par la médiation d'un symptôme dont la propriété reste énigmatique. Avec l'adulte, si l'analyste évite de promettre un rapport sexuel enfin réussi, la cure peut s'arrêter sur un pas de côté par rapport au fantasme, un certain dégagement de l'erreur fantasmatique tel que, même si le symptôme reste intact, le sujet du désir émerge dans le quotidien et ne soit pas totalement piégé par l'imaginaire. L'adolescent, lui, pose immédiatement la question de l'être et c'est à l'user que sert la cure, user l'« être adulte », l'« être dans le monde », l'« être seul », mais aussi l'« être analyste », jusqu'au point où est interrogé non pas un désir, celui du sujet, celui de l'autre, mais le Désir, celui déjà de « persévérer [21] », de « poursuivre [22] », de vivre dans le monde, avec quelque intelligence.

Conclusion

Hypothèses psychanalytiques sur l'adolescence

L'adolescence, donc, se signe de symptômes spécifiques ou d'une modification de la symptomatologie. Cela suffirait pour donner consistance au concept d'adolescence dans la psychopathologie. Les manifestations pathologiques de l'adolescence, qu'elles soient transitoires et s'amendent sans intervention d'un tiers ou qu'elles nécessitent une thérapie, ont leurs propres caractéristiques, non réductibles à la pathologie de l'enfant ou à celle de l'adulte. Il ne s'agit pas de nier que l'adolescence s'inscrive dans une histoire, que certains « phénomènes élémentaires » dans l'enfance puissent laisser présager certaines difficultés de l'adolescence, ou que, même celles-ci résolues, le passage par certaines questions laisse des traces chez l'adulte. Mais, à quelque niveau que ce soit (éducatif, institutionnel, thérapeutique, pédagogique, etc.), il me semble important de tenir compte de cette spécificité de l'adolescence.

Ainsi, les problèmes que se pose et que pose l'adolescence débordent chaque fois le cadre privé et mettent en cause le lien social, non seulement à son niveau le plus microcosmique, la famille, mais aussi dans les principes constitutifs de la société. Délinquance, toxicomanie, homosexualité, suicide, anorexie, etc., ces risques ne renvoient pas seulement à un malaise individuel, mais aussi à un malaise dans la culture.

Si j'ai tenté ici de donner la réponse du psychanalyste, il y a tout une recherche à effectuer, avec la psychologie sociale clinique, mais aussi la pédagogie, les disciplines juridiques et la sociologie, pour penser la réponse sociale aux vraies questions de l'adolescent. C'est à partir de là que, comme l'a proposé Françoise Dolto, un vrai statut pourra être donné politiquement, par le législateur, à cet âge oublié entre l'enfant et l'adulte.

Mais le constat de cette spécificité ne peut suffire à fonder le concept d'adolescence dans la théorie psychanalytique. A partir de cette première hypothèse, j'en proposerai d'autres, en tentant de penser l'adolescence dans les trois dimensions définies par Lacan : le Réel, l'Imaginaire, le Symbolique, et dans leur nouage.

Le Réel de l'adolescence

Le Réel mis en avant pour soutenir le concept d'adolescence est celui de la puberté physiologique. Le corps en tant que tel ne se constitue — l'autisme en est la preuve à contrario — que dans l'Imaginaire, certes appuyé sur le Symbolique. Mais le Réel du corps ne se rencontre qu'en trois occurrences : la première, quand il est dit que dans le corps d'une femme du corps apparaît ; on sait l'effet de sidération produit par l'annonce d'une grossesse, même attendue, effet vite annulé ou du moins réduit par la préexistence symbolique de ce supposé sujet à venir, voire le réaménagement (reconnaissance préalable, mariage, etc.) du couple parental, et par un déploiement imaginaire, qui porte sur le sexe de ce morceau réel, sur son destin, déploiement condensé essentiellement dans nos sociétés dans la recherche d'un prénom. La seconde occurrence, là aussi éventuellement liée à une annonce, ce sont les manifestations morbides où le Réel contrecarre l'image, la maladie qui mènera le sujet à confier cette part de son corps à un autre, le médecin, voire à tenter de gérer sa mort possible. La troisième, qui ici nous intéresse, ce sont les transformations du corps qui débordent l'image préalablement conçue ; cela, bien sûr, ne concerne pas que la puberté, on pourrait évoquer la perte des dents de lait et la pousse des dents définitives, ou les manifestations du vieillissement « normal ».

L'adolescence apparaît comme l'apogée entre la naissance et la mort. Avant d'être imaginarisé dans le registre éventuel d'une nouvelle toute-puissance, cela met le sujet au bord d'un trou, ou plutôt à la place du funambule nietzschéen, entre le constat de son inachèvement et le risque des atteintes maladives, au point que sa vie elle-même lui apparaisse comme une maladie.

Mais aussi, *la puberté apparaît comme un accident et comme une maladie* : un accident dont la cause serait extérieure (comme la naissance), le sujet étant jeté dans ce monde sur le mode de la déréliction ; une maladie, qui pourra certes, ensuite, être dite normale, mais qui, pour l'inconscient, est toujours mortelle, signe du destin mortel de l'humain. Cet aspect catastrophique (au sens du « breakdown ») de la puberté n'est pas secondaire, mais premier ; il est ce sur quoi le sujet élaborera, plus ou moins bien, ses réponses.

Le Réel en jeu dans l'adolescence n'est pas seulement celui de la puberté, mais aussi ce qui affecte l'incarnation imaginaire de l'Autre que sont les parents et va en exiger un déplacement. De par la ressemblance du corps de l'adolescent à celui de l'adulte du même sexe, donc par un effet d'abord imaginaire, va apparaître, parfois brutalement, que le père en particulier mais aussi la mère vieillissent, qu'ils sont sous la menace d'une mort naturelle et, d'abord, d'une déchéance physique. Cela touche l'intégration imaginaire de l'œdipe : en effet, il apparaît alors qu'il n'est pas nécessaire de « tuer » le père pour qu'il meure, ou, autre façon de formuler cette relance œdipienne, que ce souhait de mort, il y est répondu puisque ce père se révèle réellement mortel. Derrière le meurtre qui, en quelque sorte, signe la civilisation, il y a la mort sans cause. Le constat de cette déchéance exige alors un important remaniement des identifications.

Enfin, *le Réel apparaît comme un impossible, celui du rapport sexuel.* Ce qui soutenait l'enfant, permettant déploiement imaginaire et ancrages symboliques, était la promesse que, plus tard, au prix d'un renoncement provisoire, il aurait accès à une vraie jouissance. L'adolescent découvre la vanité de cette promesse : s'il accède à la génitalité, l'autre, objet de son désir, et l'Autre, auquel il voue l'amour qu'il souhaite en retour, ne sont pas réconciliés dans l'acte dit sexuel. *La jouissance génitale est, elle aussi, jouissance partielle, et le Réel est ce qui fait fond à ce ratage essentiel, que ne réparent ni le « conjugo » ni le donjuanisme.* Mais au-delà de cette expérience, la qualité même de la scène primitive est mise en cause, tandis que son isolation lui donnait semblant de réalité ; apparaît alors le malentendu parental, en tant que malentendu sexuel, tel qu'est accentué le sentiment, réaliste, d'avoir été jeté dans le monde par un hasard plus que par un désir. Et cela, même quand les parents n'usent pas de l'adolescence de leurs enfants pour accomplir ce malentendu en se séparant, après « être restés ensemble pour les enfants ».

L'Imaginaire de l'adolescence

Si le sujet ne tombe pas dans le Réel — n'y tombe pas toujours, même à tenter de « se sentir réel », selon la formule de Winnicott —, et que ce Réel s'il fait retour ne le livre pas, nécessairement, à la folie, c'est *qu'alors a lieu un nouveau déploiement imaginaire, qui soutient tout autant l'image du corps que la consistance de l'Autre, au moyen de la redistribution du monde objectal.*

Dans la mesure où l'image du corps est l'Imaginaire en tant que son champ principal est le moi, c'est le statut même de l'Imaginaire qui est alors bousculé : l'Imaginaire, pour l'enfant, est cette dimension exprimée dans le monologue et dans les jeux, ouverte par la mère permettant à l'enfant de se séparer progressivement d'elle, fondée sur une double mise à distance, à la fois d'un Réel impossible et d'un Symbolique marqué par l'interdit ; en ce sens que l'Imaginaire sécrète sa propre limite, moïque, l'impuissance. Mais cet Imaginaire se soutient d'un avenir pour l'enfant, tandis que l'adolescent — « projeté hors du temps par sa race » (Mallarmé) — est confronté à l'exigence d'une présence, quand le présent s'avère décevant. Certes le « plus tard » ou l'« ailleurs » peuvent encore jouer leur rôle de suture, dans l'utopie par exemple, mais l'épuisement de la promesse peut laisser cet Imaginaire produire un délire, surtout dans le champ du corps : les craintes dysmorphophobiques en sont la formule extrême. Si l'adolescence est bien le moment où l'Imaginaire compte pour « donner du sens à la vie », c'est au prix d'une atteinte irrémédiable de l'image infantile du corps.

Encore faut-il que l'Autre retrouve une nouvelle valeur, si les parents se révèlent incapables de la soutenir. *L'accent mis sur la génitalité mènera l'adolescent à donner, à l'Autre, la consistance imaginaire de l'Autre sexe, à travers de multiples avatars.* Trois de ces avatars peuvent être retenus, ne serait-ce que parce qu'ils gardent chez l'adulte une certaine valeur : premièrement, dans la suite logique de cette consistance imaginaire parentale, l'adolescent, souvent, se tournera vers cet Autre de l'Autre qu'est le parent du parent, que ce soit en s'adressant au grand-père sur un mode nouveau, ou à un ancêtre ou à un oncle ou une tante ; la passion généalogique et l'intérêt pour l'histoire, remarqués chez l'adolescent, trouvent là leur raison. Deuxièmement, Dieu, figure proposée à l'enfant, gagne une nouvelle fonction, cette fois non figurable, d'être celui qui garantirait, hors la réalité décevante, ce lieu Autre [1] ; ainsi fréquents sont les élans mystiques et les religions l'ont mesuré, qui ont maintenu deux temps d'initiation, l'un précoce (baptême, circoncision, etc.), l'autre pour le pubère (communion solennelle, bar-mitzva, etc.). Troisièmement, la Société est perçue comme une entité à la fois attirante et menaçante, visée et repoussée ; le goût des adolescents pour la politique, ou plutôt la politique comme engagement utopiste plus que quotidien, témoigne de cette consistance.

En fait, *l'adolescent doit imaginairement intégrer des infinis auxquels il se confronte, de par la fragilité des butées qui ordonnaient, pour l'enfant, l'espace et le temps : infini de la chaîne des générations et du temps ; infini des espaces.* L'organisation spatio-temporelle est bouleversée et l'on a pu voir, dans les engagements toxicomaniaques ou délinquants, des essais de réorganisation ; sur un autre mode, l'amour peut aussi avoir cette fonction. La consistance imaginaire de l'Autre est alors soumise à cette contrainte, qui apparaît comme contradictoire : avoir une solidité plus grande que la consistance parentale, et permettre d'intégrer cette mesure de l'infini, donc ne pas être limitée dans son extension. Qu'aucun Autre ne puisse, à la longue, satisfaire à cette double exigence explique la fragilité imaginaire et moïque de l'adolescent.

Le Symbolique de l'adolescence

Que l'adolescence se mesure dans un Réel, même réduit au signe de la puberté, c'est une idée somme toute médicalement admise. Que ses effets soient perceptibles imaginairement, la psychologie la plus classique le conçoit. Encore faut-il déterminer la valeur symbolique de ce processus : car, sans négliger les autres registres, c'est l'accent placé sur ce champ qui définira une théorie de l'adolescence comme psychanalytique, et soutiendra la pratique d'une « cure de parole », et non de « psychothérapies » dont le médium serait autre que la langue (thérapies corporelles, psychodrames, etc.).

Si la question du statut de l'adolescent dans le lien social apparaît à l'évidence être cruciale, ce n'est pas seulement d'un point de vue juridique, ni en raison d'une « cause des adolescents », pour user de la formule de Françoise Dolto. La priorité accordée au lien fraternel sur le lien parental est, comme le montre Freud dans *Totem et Tabou*, une nouvelle formule de la même structure, celle décrite par l'œdipe. *L'adolescent change de place dans la chaîne des générations : il n'en est plus le maillon dernier et détrône le père de sa place de maillon premier, de même qu'il change de place dans la chaîne des signifiants, telle que la fonde l'organisation familiale.*

Il passe de l'extension minimale de cette chaîne à son extension maximale, où la structure prime sur la qualité de chacun des éléments, structure symbolique alors considérée comme prioritaire sur la forme imaginaire. Ainsi, la « sortie de la famille », l'« entrée dans le social » — avant ce nouveau moment de « fondation d'une autre famille », c'est d'abord cela : ni simple passage du micro-social au macro-social, puisque doit s'effectuer un changement de statut du sujet, certes parfois difficile (ainsi de ces « vieux adolescents » qui restent éternellement dans le giron familial) ; ni rupture radicale entre deux modes d'existence, sauf quand l'articulation famille/société est totalement défectueuse, pour des raisons sociogènes (la seconde génération immigrée par exemple) ou psychogènes (dans certains déclenchements psychotiques). Mais *il y a alors mise à l'épreuve de ce que le microcosme familial n'est fondateur que par délégation sociale et n'est qu'une formule, imaginairement consistante, d'une structure symboliquement définie, dont le lien social est une autre formule.*

Outre la remise en cause des discours quotidiens (on l'a vu à propos de la délinquance), et au-delà de la progression des structures logiques qui organisent l'intelligence (comme l'étudie Piaget [2]), *il y a une pensée spécifique de l'adolescent*, non pas déterminée par une maturation physiologique du cerveau, mais par l'articulation entre l'intelligence dont il dispose et les exigences du lien social où il trouve une nouvelle place. Songeons au goût des adolescents pour les systèmes, les théories, les idéologies : elles paraissent transcender le présent, sur un mode universaliste ou utopiste, et assurer une autre consistance à chaque énoncé, en raison de leur cohérence logique. Mais songeons aussi à ce qu'on peut bien désigner comme l'art des adolescents pour dénoncer les incohérences de la pensée ordinaire, doués qu'ils sont parfois pour pointer dans le discours des parents les contradictions, qu'elles soient internes au discours ou perçues dans l'écart entre le dire et le faire.

Ainsi, le signifiant, dans sa fonction même de représenter le sujet, change de valeur, et le Symbolique est mis en question, comme l'indiquent les manifestations plus ou moins pathologiques du rapport des adolescents à la langue depuis l'usage des surnoms jusqu'au mutisme. Si la psychose ici est modèle expérimental, il n'en reste pas moins que cette mise à l'épreuve du Symbolique concerne tous les adolescents confrontés à la question de ce que parler veut dire, que cela s'exprime par les joutes oratoires qui leur sont familières ou par le repliement silencieux, par la tentative d'un enjeu performatif de la parole (du serment à la déclaration d'amour) ou par le rejet de ce qui ne serait que bavardage, par la passion de l'écriture ou par la mise en avant, au nom de l'art, que l'intime peut se dire autrement. Le praticien découvre vite, ne serait-ce qu'à travers quelques déboires, combien compte pour l'adolescent ce poids des mots et que telle formulation hâtive entravera la relation transférentielle, bien loin d'une soi-disant relation ludique de l'adolescent à la langue.

Car *l'ordre des signifiants est alors bousculé dans les trois niveaux de son fondement. Au niveau du signifiant-maître* : il s'avère en effet que la soumission de l'enfant à l'adulte, à l'ordre parental qui le soutient par délégation, ne suffit plus à garantir son identité et que, du sujet, le désir échappe à cette prise. *Au niveau du signifiant phallique*, puisque celui-ci n'assure aucun rapport valide à l'autre sexe, si bien que c'est en deçà ou au-delà de ce signifiant qu'il faudrait chercher à fonder l'intersubjectivité. *Au niveau du Nom-du-Père*, puisque ce Nom-du-Père n'est plus, métaphoriquement, aussi soutenu par l'organisation familiale ; il va devoir être validé comme une opération purement logique, totalement détachée du père de la réalité comme de tout père imaginaire ; pourront alors s'écrire, au pluriel, les noms-du-père, c'est-à-dire toutes les métaphores qui succéderont à la métaphore paternelle proprement dite. C'est pourquoi Lacan a pu désigner la Femme, le Symptôme, etc., comme des noms-du-père.

L'adolescence, au prix de ne produire à cette place que du symptôme, du symptôme sexuel, production qui marquera la fin du processus et l'entrée dans l'âge adulte, est ce moment où le signifiant s'avoue trompeur et le Symbolique fragile.

La temporalité de l'adolescence

L'une des modalités qui, phénoménologiquement, montre comment Réel, Imaginaire et Symbolique se nouent autrement à l'adolescence, est la temporalité, alors complexe.

Sur un plan réel, l'adolescence est une précipitation. Ne pouvant être le maître des modifications que subit son corps, le sujet et, par contrecoup, le monde extérieur sont précipités dans une catastrophe qui, conjuguée par l'observateur avec ce qui apparaît comme activation de la pulsion de mort, pousse souvent les intervenants éventuels à considérer la situation comme étant du domaine de l'urgence quand le voisinage familial ou scolaire n'a pas déjà succombé à la panique. La puberté est d'abord un événement incongru à l'historicité de l'enfant, et ce n'est que secondairement que le moi peut imaginairement intégrer cet événement dans un récit historique : il est d'abord surgissement réel, comme peut l'être la maladie. L'adolescent se plaindra alors d'être « débordé », dépassé par des modifications qui l'affectent, mais affectent aussi le monde extérieur, vivant une « accélération » du temps devant laquelle il est démuni.

Mais, d'un autre côté, *le vécu, sur un plan imaginaire, est celui d'un « ça ne va pas assez vite »*, relance de la promesse autour de quoi s'est, naguère, organisé le moi : plus tard, il aura accès à la jouissance à laquelle il a provisoirement renoncé dans l'œdipe. L'autre versant, d'ailleurs, étant l'adulte, tendu vers une image de la maturité et appuyé sur son propre refoulement de l'adolescence, et répondant cette fois non pas par l'urgence, mais par un « ça passera tout seul avec le temps » (c'est certes parfois le cas, mais reste une réponse adaptative). En quelque sorte, l'adolescent s'approprie et positive le sentiment d'être projeté hors de la temporalité attentiste de l'enfant, par la revendication de réponses et de solutions immédiates, et cela particulièrement dans les psychopathies, ou, plus généralement, dans sa quête « traumatophilique » d'événements fondateurs. En fait, il est alors tendu vers une image de l'adulte, remodelage du moi idéal, quand l'idéal du moi défaille, pressé d'y correspondre et de sortir de son état d'incertitude.

Il y a un troisième aspect de la temporalité de l'adolescence ; elle peut s'approcher à travers le statut de deux actes, l'acte sexuel et l'acte d'écriture, dans leur valeur symbolique. *Sur le plan symbolique, la temporalité est à la fois ordonnée par la répétition, par la reproduction et par l'invention.*

Pour pouvoir accéder à l'acte sexuel, l'adolescent est voué à répéter une seconde fois ce qui est supposé avoir eu lieu, une première fois, sur un mode unique, fondateur : la scène primitive, scène mythique de l'origine. Il ne peut alors que rencontrer à la fois un impossible — le rapport sexuel est incommensurable au rapport « sexuel » parental —, un interdit — l'œdipe en tant qu'il articule toute relation à l'autre sexe — et une impuissance — il s'avère, moïquement, incapable de faire de cet acte unique une vraie répétition et sera ainsi voué à répéter la répétition. D'un autre côté, l'acte sexuel est le mode sur lequel, d'une certaine façon, il se débarrasse de ses parents pour devenir lui-même parent virtuel, à une nouvelle place dans la chaîne des générations, puisque capable de « produire » un enfant. Nombre d'engagements précoces dans la maternité/paternité, comme certaines impuissances à y accéder — ainsi de certaines stérilités psychologiques —, sont liés à cette ambiguïté : répéter ou reproduire. Car, pour l'être humain — dont on connaît là-dessus la singularité dans l'espèce animale —, l'acte sexuel est symboliquement ordonné, dans les divers sens du terme, par l'œdipe. La généralisation de cette ambiguïté se manifeste, doublant et orientant les deux temporalités soulignées précédemment (réelle et imaginaire), dans un conflit entre le sujet et son engagement dans le temps : accepter cette aliénation ou la refuser, par un court-circuit, qui peut aller jusqu'au suicide. Une patiente, suicidaire, justifiait son comportement ainsi : « Pourquoi vivre, puisque l'on doit mourir ; autant mourir tout de suite, plutôt que vivre comme les autres » (sur un ton péjoratif). Un jeune homme, sorti d'un coma consécutif à une absorption médicamenteuse, formulait cela autrement : « Maintenant j'ai vécu quelque chose que mes parents n'ont jamais vécu, et le temps qui me reste à vivre n'a plus le même sens. » A chaque fois, dans ces cures, ces énoncés étaient au plus près d'une analyse possible de la valeur de la castration, de sa valeur symbolique, et de l'acceptation d'un engagement dans la vie sexuelle.

Mais c'est aussi ce qui, entre autres choses, se manifeste dans le journal de l'adolescent, où, le plus souvent, viendra s'écrire et tenter de se résoudre par son explication l'antagonisme entre la projection réelle hors du temps continu et la revendication imaginaire d'une accélération du temps historique. En deçà de la question du destinataire du journal, le statut et le destin de l'écrit sont fréquemment interrogés : raturer ou ne pas raturer (voire, pour un jeune homme obsessionnel, écrire à l'encre ou au crayon, jusqu'à ce que ses parents lui offrent une machine à traitement de texte !), garder ou détruire, relire ou réserver à plus tard la lecture, écrire systématiquement tous les jours ou quand l'événement semble l'imposer, décrire le quotidien ou chercher à inscrire ce qui le transcende (un autre codait les dates et rangeait, et dérangeait, les feuilles dans son classeur), etc., ces questions portent sur la valeur du signifiant — et du sujet qu'il représente — dans une temporalité projetée dans l'écriture [3]. Quelle est la temporalité du Symbolique ? Je ne déploierai pas ici cette question [4] ; je remarquerai seulement qu'en mettant en cause le Symbolique l'adolescent s'interroge sur une division du signifiant entre ce qui persiste dans le temps et ce qui est lié à une époque, devant s'effacer ou être rejeté.

Alors, ce qui s'opère n'est pas sans rapport avec l'amnésie infantile, que Freud met en rapport avec l'amnésie névrotique qui « a effacé le souvenir d'événements survenus dans un âge plus avancé [5] ». Si l'amnésie infantile, sans y être réduite, trouve sa raison dans le refoulement imaginaire et l'amnésie « hystérique » dans les refoulements secondaires, il nous faut considérer ces opérations dans leur valeur logique, plus que dans leur occurrence chronologique : *ce qui s'effectue dans l'adolescence, non seulement obéit à ce qui est refoulement secondaire de représentations insupportables pour le moi, mais aussi vient compléter, conforter, valider l'enjeu fondateur du refoulement originaire*, en ce qu'il fait entrer le sujet dans une histoire possible, renvoyant à la préhistoire (nouveau statut de l'enfance) les traces de ce qui le produit. L'effort de l'adolescent pour « se sentir réel » passe par cette opération. Celle-ci n'est pas simplement mime ou accomplissement ; mais — parce que grandir c'est vieillir, parce que le corps excède l'image du corps, parce que l'accès à la parole et à la communication exige l'oubli de la part aliénante du signifiant — elle ouvre aussi sur une nouvelle temporalité où l'avenir change de sens, le passé de valeur et le présent de qualité puisque la présence de soi à soi-même, fût-ce sous la garantie de l'Autre, n'y est plus aussi assurée.

Ce temps est alors ordonné par un moment logique nécessaire d'appropriation du symptôme en tant que symptôme sexuel, et c'est l'effectuation de cette appropriation qui marquera, d'une certaine façon, la fin de l'adolescence, en tant que période de fonctionnement psychique.

Que la symptomatologie spécifique de l'adolescence soit transitoire, cela est à juste titre souvent souligné ; mais il reste à déterminer vers quoi s'effectue cette transition, quand elle ne signe pas nettement l'entrée dans la psychose, et (cela concerne au premier chef l'analyste) si cette évolution est nécessaire ou non. Autrement dit, l'effectuation du refoulement de l'expérience pubertaire est-elle — au prix de la production d'un symptôme d'adulte — une opération qui doit être accompagnée pour reporter à plus tard une « véritable » psychanalyse, ou bien peut-elle être affectée pour permettre à l'adolescent de ne pas être nécessairement un adulte « normalement » névrosé ?

Cette question implique un enjeu éthique pour l'analyste, dans son rapport au symptôme. Considérant, pour ma part, qu'il n'y a d'analyse qu'à soutenir, autant que possible, l'orientation vers un sujet qui ne s'autoriserait que de lui-même, fût-ce illusoire « fantasme de l'analyste », je ne peux que laisser cette question ouverte. D'autant qu'il s'agit là d'un au-delà de l'adolescence.

Notes

CHAPITRE I

1. Molière, *Le Médecin malgré lui,* acte II, scène IV, *Œuvres complètes,* t. II, Garnier-Flammarion, 1960, p. 33.

2. Cf. F. Dolto, *L'Image inconsciente du corps,* Seuil, 1984, et notre commentaire, A. et J.-J. Rassial : « De l'image inconsciente du corps », dans *Quelques Pas sur le chemin de Françoise Dolto,* Seuil, 1988. — L'ouvrage de M. H. Ledoux, *Introduction à l'œuvre de Françoise Dolto,* Rivages, 1990, est une excellente présentation de l'apport théorique de F. Dolto.

3. S. Freud, *Trois Essais sur la théorie de la sexualité,* Gallimard, 1962, p. 111.

4. *Ibid.,* p. 112.

5. Certains parents, d'ailleurs, s'identifient à tel point au surmoi de l'enfant qu'après avoir posé un interdit catégorique sur la sexualité, du jour au lendemain ou presque, ils poussent le jeune à ce qui doit être considéré comme un passage à l'acte sexuel.

6. J.-J. Rassial, « L'amour du semblable », *Adolescence,* t. VII, n° 1, 1989.

7. J. Lacan, « Le stade du miroir comme formateur de la fonction du "je" », *Écrits,* Seuil, 1967.

8. D. W. Winnicott, « La préoccupation maternelle primaire », *De la pédiatrie à la psychanalyse,* Payot, 1969.

9. J. Lacan, « Dialectique du désir et subversion du sujet », *Écrits, op. cit.*

10. R. Barthes, dans *Fragments d'un discours amoureux,* Seuil, 1977, évoque à de multiples reprises ce risque amoureux.

11. Faire porter l'essentiel de la division, ou du moins sa cause, du côté du sujet ou du côté de l'objet est sans doute ce qui fait divergence entre J. Lacan et M. Klein, une fois considéré que le moi est d'abord objet et image pour l'Autre.

CHAPITRE II

1. J. Lacan, *Écrits, op. cit.*, p. 198.

2. Je renvoie à l'article de C. Melman, « Die Spaltung », *Le Discours psychanalytique,* 1981, I, pp. 13-15.

3. R. Gori et J.-J. Rassial, « Je est un Autre », *Le Droit et les Immigrés,* Édisud, 1982, pp. 87-97. Ainsi que J.-J. Rassial « Remarque sur le verlan des beurs », *La Psychanalyse de l'enfant*, 1989, n° 6.

4. Je remercie Guilhem Dezeuze pour son assistance sur les questions juridiques. Même si le cadre juridique français est ici privilégié, il faut remarquer qu'il est, à quelques variantes près, cohérent avec les autres juridictions du monde dit occidental.

5. Malgré sa dérive antisémite, le texte de Marx le peint justement (K. Marx, *La Question juive,* multiples éditions).

6. D. W. Winnicott, « L'adolescence » (1962), in *De la Pédiatrie à la psychanalyse, op. cit.,* pp. 257-266.

7. H. Bloch et A. Niederhoffer, *Les Bandes d'adolescents,* Payot, 1974.

8. D. W. Winnicott, « Quelques aspects psychologiques de la délinquance juvénile », in *L'Enfant et le Monde extérieur,* Payot, 1957, pp. 165-173.

9. S. Freud, « Deuil et mélancolie » (1915), in *Métapsychologie,* Gallimard, 1940, pp. 147-174.

10. Sur ce thème, l'histoire de ce diagnostic et son usage actuel, je renvoie en particulier à *Rev. Neuropsychiat. Inf.,* 1977, 15, 1, pp. 19-75.

11. H. Remschmidt, dans la revue précitée, rappelle la position de Schneider, définissant la psychopathie : « ceux qui souffrent de leur anormalité ou ceux dont l'anormalité fait souffrir la société », en la différenciant nettement des psychoses. Définition évidemment très large, sauf à mettre l'accent sur ce « ou » comme animant une alternance.

12. H. Flavigny, bien qu'isolant la psychopathie des névroses, constate l'amendement de cette pathologie avec l'âge, pour un grand nombre de sujets (cf. revue précitée). Dans des analyses d'adultes, on rencontre fréquemment des souvenirs d'adolescent rappelant ces « crises psychopatiques ».

13. Je laisse de côté ce qui fut analysé par Eugène de la transmission d'une culpabilité, cette culpabilité qui lui a permis d'accepter un travail analytique.

14. Sur la formalisation des quatre discours, voir J. Lacan, *L'Envers de la psychanalyse* (séminaire inédit), et « Radiophonie », *Scilicet,* 1970, 2-3, pp. 55-99. On trouve une présentation simple de ces quatre discours, appliqués au discours médical, dans J. Clavreul, *L'Ordre médical,* Seuil, 1976.

15. Thèse de J. Hebert, soutenue lors de journées que j'avais organisées sur l'adolescence, à Montpellier (*Mi-dit,* 1986, 13).

16. B. de Spinoza, *L'Éthique,* Gallimard, 1954. Sur ce thème, il faut lire R. Misrahi, *Réflexion et Désir dans la philosophie de Spinoza,* Gordon and Beach, 1973.

17. C'est, me semble-t-il, ce qui fait buter sur les approches psychogénétiques de l'intelligence, celle, en particulier, de Piaget : le passage d'un stade à un autre accroît une perte, celle de l'objet *a*, tel qu'il anime le désir inconscient. Relire Piaget, en sachant cette perte, est un travail à accomplir ; on y aurait, si je ne m'abuse, d'heureuses surprises, plutôt qu'à le rejeter d'un bloc.

18. Pour préciser ici mon usage des quadripodes de Lacan, je dirais que la quête de l'origine fait tomber l'adolescent sur la question de la fondation du lien social : les sujets n'y sont jamais présents par eux-mêmes, mais représentés par leur nom :

$\frac{S\,1}{\$} \rightarrow \frac{S\,2}{a}$ (un signifiant, S 1, représentant le sujet, $\$$, pour un autre signifiant, S 2, au prix de la perte de l'objet *a*) ; puis de là par leur fonction :

$\frac{S\,2}{S\,1} \rightarrow \frac{a}{\$}$ (un savoir, S 2, dont la clé, S 1, reste méconnue, tentant d'attraper l'objet *a*, le sujet, $\$$, aliéné, en étant l'effet), et ne prennent la parole que de qui leur fait défaut :

$\frac{\$}{a} \rightarrow \frac{S\,1}{S\,2}$ (le sujet, $\$$, faisant parade de sa division, causée par la perte de l'objet *a*, à l'adresse d'un autre supposé posséder le signifiant maître, S 1, d'un savoir encore à produire, S 2). L'une des caractéristiques de certains adolescents, délinquants en particulier, c'est qu'ils réussissent, avec leurs propres mots bien sûr, à décrire cette circulation, qui ne tourne pas rond.

19. On sait que Lacan signe l'amour, dans le transfert, comme un changement de place.

20. W. Granoff, dans une intervention sur le contre-transfert lors du séminaire inédit de Lacan sur *La Logique du fantasme* (1966-1967), évoque cette glissade « délinquante » de l'analyste en ses actes.

21. Freud parle de l'« éducabilité » plus grande chez le sujet jeune (cf. S. Freud, « De la psychothérapie » (1905), in *La Technique psychanalytique,* PUF, 1953).

22. Voir J.-J. Rassial, « D'une logique sans rapport », *Mi-dit,* 2-3, pp. 4-13.

CHAPITRE III

1. Baudelaire, « Le Poison », poème XLIX des *Fleurs du Mal,* in *Œuvres complètes,* Gallimard, 1975, pp. 48-49.

2. D. Marcelli et A. Braconnier, *Psychopathologie de l'adolescent,* Masson, 1984, p. 311.

3. D. W. Winnicott, *Jeu et Réalité,* Gallimard, 1975, p. 132.

4. Il faudrait s'interroger sur le succès de certaines techniques dites comportementalistes. S. Kubrick dans *Orange mécanique* a déjà caricaturé leur usage dans la délinquance ; elles sont assez largement utilisées dans les cas de toxicomanie.

5. Sur la dynamique particulière de la cure d'un toxicomane, je renvoie à l'exposé intitulé « L'horreur et le dégoût », fait devant l'Association freudienne, à Bruxelles, en juin 1985, et publié dans *Cliniques méditerranéennes,* n°s 7-8.

6. Titre d'un livre de C. Olivenstein.

7. S. Freud, « Deuil et mélancolie », *Métapsychologie,* Gallimard, 1940 ; K. Abraham, « Préliminaires à l'investigation et au traitement de la folie maniaco-dépressive et des états voisins », *Œuvres complètes,* t. I, Payot, 1965.

8. Cf. « L'horreur et le dégoût », précité.

9. Une autre « toxicomanie » ou du moins un usage de toxique est aujourd'hui problématique, celui des solvants. Je n'aborde pas ce problème, car mon expérience de ce côté est limitée, et concerne deux enfants prépubères.

10. Je reprends une proposition théorique suggérée par Charles Melman, lors d'un des séminaires qu'il assura à Montpellier en 1984-1985.

11. J. Lacan, « Subversion du sujet et dialectique du désir », *Écrits, op. cit.,* p. 814.

12. S. Freud, *Trois Essais sur la théorie de la sexualité, op. cit.,* p. 39.

13. Conversations privées.

CHAPITRE IV

1. W. Shakespeare, *Hamlet*, acte IV, scène I ; *Œuvres complètes*, t. II, Gallimard, 1959 (trad. A. Gide), p. 670. C'est la réplique de la Reine annonçant au Roi la folie d'Hamlet.

2. D. W. Winnicott, « L'adolescence », in *De la pédiatrie à la psychanalyse, op. cit.*

3. En particulier voir J. Piaget et B. Inhelder, *De la logique de l'enfant à la logique de l'adolescent*, PUF, 1955.

4. J. Piaget, *La Construction de l'espace chez l'enfant*, PUF, 1957.

5. C. Melman, Séminaire sur la phobie (inédit).

6. Je renvoie en particulier à A. Haim, *Les Suicides d'adolescents*, Payot, 1970 ; et F. Ladame, *Les Tentatives de suicide des adolescents*, Masson, 1981.

7. P. Mâle, « Quelques aspects de la psychopathologie et de la psychothérapie à l'adolescence » (1971), republié dans *La Crise juvénile*, Payot, 1982.

8. J'avais allusivement fait référence à cette histoire, en 1978, dans un exposé sur le Golem, mais la cure était alors en cours : J.-J. Rassial, « La légende du Golem », *Mi-dit*, n° 15.

9. H. Collomb, « Bouffées délirantes et psychiatrie africaine », *Psychopathologie africaine*, t. I, n° 2, 1965.

10. J'avais, dans la thèse dont ce livre est issu, longuement évoqué la figure clinique d'Igitur.

11. Présentation de malade organisée par M. Assabgui (clinique La Lironde) et M. Ribstein (hôpital de la Colombière, SSM II).

12. Voir, en particulier, M. Laufer, « The breakdown », *Adolescence*, t. I, n° 1, printemps 1983.

13. Cf. C. Melman, le chapitre intitulé « Parapsychose » dans *Nouvelles Études sur l'hystérie*, Clims, 1984, et l'article « L'hystérie pseudo-paranoïaque », *Discours psychanalytique*, n° 13.

14. Le terme de *breakdown* est ici adéquat, en restant à son sens le plus commun : la « panne ».

15. Je renvoie aux travaux de Paul Alerini, Gabriel Balbo et Marie-Christine Laznick-Penot, dont, entre autres, on trouve un écho dans les actes du Ve colloque du CIRPC, « Le symptôme et l'infantile », *Cliniques méditerranéennes*, 13-14, 1987.

CHAPITRE V

1. Transcription d'une intervention et de sa discussion : F. Dolto, « Une éthique de la relation analytique », *L'Éthique de la psychanalyse et le Coût freudien,* Evel, 1984, p. 154.

2. S. Leclaire, « L'analyste à sa place », paru initialement dans les *Cahiers pour l'analyse,* repris dans *Rompre les charmes,* Interéditions, 1982.

3. Cf. en particulier, F. Ladame, « Adolescence dépressive, pathologie du narcissisme et échecs thérapeutiques », *Adolescence,* t. I, n° 1, printemps 1983.

4. J.-D. Nasio, *L'Inconscient à venir,* Bourgois, 1980.

5. D. W. Winnicott, « Adolescence », article cité.

6. Formule de Winnicott, « Adolescence », article cité.

7. S. Freud, *La Question de l'analyse profane,* Gallimard, 1984.

8. Cela va dans le sens de propositions émises, à l'occasion, par Charles Melman, dans des exposés oraux, sans qu'on en retrouve la trace dans les transcriptions publiées.

9. Cette cure fut l'une des premières que je dirigeai. Je suis redevable à André Gervais, qui travaillait au même endroit, de nos discussions et de ses conseils, même si, ou peut-être parce que, ce fut en divergeant d'avec lui que je spécifiai mon propre style. J'en profite pour souligner que dans les analyses d'enfants, d'adolescents et de psychotiques (c'est un point commun qui a justifié des réductions abusives), l'analyste ne peut faire l'épargne de son invention. Avec un style presque radicalement opposé au mien, André Gervais obtenait des résultats comparables.

10. En général, je ne fais payer les entretiens préliminaires que, rétroactivement, si une décision de cure a été prise, par le patient et par moi ; moyen commode de démarquer la demande à l'analyste, de la demande au médecin. En tout cas, qui paye (les parents ou l'adolescent) est formulé le plus tôt possible et peut changer en cours de cure.

11. Les termes entre guillemets dans cette phrase sont ceux de son usage.

12. Ainsi, les directions de cure de l'obsessionnel ou de l'hystérique divergent déjà dans l'énonciation de la règle fondamentale, pour autant que la fiction du sujet-supposé-savoir n'y a ni même place ni même fonction.

13. Entre autres textes, M. Laufer, « Psychopathologie de l'adolescent : quelques principes d'évaluation et de traitement », *Adolescence,* t. I, n° 1, printemps 1983. Vient de paraître M. et E. Laufer, *Adolescence et rupture de développement,* PUF 1989.

14. Traduction de J.-C. Capêle et D. Mercadier, « Pour une traduction de *La Dénégation* de Sigmund Freud », *Le Discours psychanalytique,* n° 3, avril 1982.

15. Concernant le voir et le regard, dans le discours de l'analysant et la dynamique de la cure, je renvoie à J. D. Nasio, *Les Yeux de Laure,* Aubier, 1987.

16. Dans *L'Éthique de la psychanalyse et le Coût freudien, op. cit.*

17. Voir chapitre II.

18. A part quelques cas particuliers, pourquoi, en général, refuser le paiement par chèque, où la signature est de quelque poids ?

19. A qui souhaiterait faire fortune dans la pratique d'analyste, je déconseille d'entreprendre des cures d'adolescents.

20. Selon ce que Winnicott repère d'une pathologie spécifique, de vivre comme insupportable la solitude.

21. « Persévérer... dans l'être », ajouterait Spinoza, mais c'est ce « dans l'être » qui reste en suspens.

22. Selon le joli mot à relire dans *Moriendo* de R. Laporte, POL, 1983.

CONCLUSION

1. K. Abraham souligne, dans « Quelques remarques sur le rôle des grands-parents dans la psychologie des névrosés » (*Œuvres complètes,* t. I, *op. cit.*), comment la religiosité peut être associée à ce rapport aux grands-parents.

2. J. Piaget et B. Inhelder, *De la logique de l'enfant à la logique de l'adolescent, op. cit.*

3. Le mot, en français, présente l'intérêt de son double sens : le geste d'écrire et le texte écrit jusqu'à, d'ailleurs, désigner l'Écriture, texte d'origine divine et fondatrice.

4. Elle trouverait matière dans la lecture de la « Note sur le Bloc-notes magique » de Freud et du commentaire qu'en fait Derrida dans « Freud et la scène de l'écriture ».

5. S. Freud, *Trois Essais sur la théorie de la sexualité, op. cit.,* pp. 66-69.

Remerciements

La première version de ce texte était une thèse de psychologie. Je suis redevable à Roland Gori d'avoir dirigé ce travail avec attention et bienveillance, et à Philippe Gutton qui présidait le jury ; la revue *Adolescence,* qu'il dirige, fait référence en ce champ. La lecture critique de François Gantheret m'a conduit à réviser certaines formules hâtives.

C'est d'abord à mes collègues et amis de l'Association freudienne que j'ai présenté ces hypothèses, en particulier au groupe réuni à Montpellier autour de mon séminaire et, un temps, de la revue *Mi-dit.* Les avis, les conseils et le soutien de Charles Melman m'ont été un précieux atout ; ce qui se lira aussi à nombre de références explicites ou implicites à son enseignement.

Juan-David Nasio, par ses exigences de clarification, m'a permis de corriger certaines erreurs de pensée et surtout de langage. Ce livre doit beaucoup à nos longs échanges épistolaires et téléphoniques.

Hubert de Novion a bien voulu m'aider à améliorer la forme définitive de ce livre. Thérèse Jean a accepté, avec patience, de dactylographier chacune des nombreuses versions du manuscrit.

Agnès Rassial m'a beaucoup apporté par ses remarques et nos lectures communes (de Françoise Dolto, en particulier). Enfin, merci à Gabriel et Judith d'avoir toléré que je les délaisse un peu pour m'occuper des « grands ».

Table

Chapitre II

DE LA DÉLINQUANCE

Chapitre III

L'ADOLESCENT ET LA DROGUE

CHAPITRE IV

MOMENTS DE FOLIE

CHAPITRE V

LA PSYCHANALYSE DE L'ADOLESCENT

Déjà parus dans la même collection

L'Enfant du miroir
F. DOLTO/J.-D. NASIO

Le Silence en psychanalyse
sous la direction de J.-D. NASIO

Chroniques médicales d'un psychanalyste
P. BENOIT

Enseignement de 7 concepts cruciaux de la psychanalyse
J.-D. NASIO

Introduction à l'œuvre de Françoise Dolto
Michel H. LEDOUX

LA COMPOSITION, L'IMPRESSION
ET LE BROCHAGE DE CET OUVRAGE
ONT ÉTÉ RÉALISÉS PAR L'IMPRIMERIE
TARDY QUERCY (S.A.)
46001 CAHORS

N° d'impression : 0562A
Dépôt légal : août 1990
Imprimé en France